Wirtschaftsförderung in Lehre und Praxis

Weitere Bände in dieser Reihe
http://www.springer.com/series/15091

Herausgeber:

André Göbel
FB Verwaltungswissenschaften
Hochschule Harz
Halberstadt, Deutschland

Die Buchreihe ergänzt das Studium der Wirtschaftsförderung an der Hochschule Harz und wurde unter der Leitung von Professor Dr. André Göbel in enger Kooperation mit Partnern aus der Wissenschaft und Praxis entwickelt. In einem modularen Aufbau werden Grundlagen-, Methoden- und Schlüsselkompetenzen vermittelt. Neue Bedingungen im kommunalen, regionalen und internationalen Standortwettbewerb erfordern eine moderne Verwaltungsinfrastruktur mit ausgezeichnet qualifiziertem Nachwuchs an Fach- und Führungspersonal. Eine hohe Serviceorientierung, effektive Methoden und Technologien und eine immer stärkere Verzahnung mit der kommunalen Entwicklung prägen das Bild der heutigen Wirtschaftsförderung. Als Bindeglied zwischen Verwaltungen und Unternehmen bieten Wirtschaftsförderungen ein vielseitiges Tätigkeitsfeld. Buchreihe und Zertifikatskurs richten sich an MitarbeiterInnen aus der Wirtschaftsförderung, der kommunalen Verwaltung sowie an politische Mandatsträger und an Interessierte aus ähnlichen Berufsfeldern.

Astrid Nelke

Kommunikation und Nachhaltigkeit im Innovationsmanagement von Unternehmen

Grundlagen für die Praxis

Astrid Nelke
FOM Hochschule f. Oekonomie & Management
Berlin, Deutschland

Wirtschaftsförderung in Lehre und Praxis
ISBN 978-3-658-14579-8   ISBN 978-3-658-14580-4 (eBook)
DOI 10.1007/978-3-658-14580-4

Die Deutsche Nationalbibliothek verzeichnet diese Publikation in der Deutschen Nationalbibliografie; detaillierte bibliografische Daten sind im Internet über http://dnb.d-nb.de abrufbar.

Springer Gabler
© Springer Fachmedien Wiesbaden 2016
Das Werk einschließlich aller seiner Teile ist urheberrechtlich geschützt. Jede Verwertung, die nicht ausdrücklich vom Urheberrechtsgesetz zugelassen ist, bedarf der vorherigen Zustimmung des Verlags. Das gilt insbesondere für Vervielfältigungen, Bearbeitungen, Übersetzungen, Mikroverfilmungen und die Einspeicherung und Verarbeitung in elektronischen Systemen.
Die Wiedergabe von Gebrauchsnamen, Handelsnamen, Warenbezeichnungen usw. in diesem Werk berechtigt auch ohne besondere Kennzeichnung nicht zu der Annahme, dass solche Namen im Sinne der Warenzeichen- und Markenschutz-Gesetzgebung als frei zu betrachten wären und daher von jedermann benutzt werden dürften.
Der Verlag, die Autoren und die Herausgeber gehen davon aus, dass die Angaben und Informationen in diesem Werk zum Zeitpunkt der Veröffentlichung vollständig und korrekt sind. Weder der Verlag, noch die Autoren oder die Herausgeber übernehmen, ausdrücklich oder implizit, Gewähr für den Inhalt des Werkes, etwaige Fehler oder Äußerungen.

Coverdesign: deblik Berlin unter Verwendung der Grafik der © Hochschule Harz

Gedruckt auf säurefreiem und chlorfrei gebleichtem Papier

Springer Gabler ist Teil von Springer Nature
Die eingetragene Gesellschaft ist Springer Fachmedien Wiesbaden GmbH
Die Anschrift der Gesellschaft ist: Abraham-Lincoln-Strasse 46, 65189 Wiesbaden, Deutschland

Reihenvorwort des Herausgebers

Prof. Dr. André Göbel
(Foto: Hochschule Harz)

Der vorliegende elfte Band in der Schriftenreihe zur „Wirtschaftsförderung in Lehre und Praxis" soll einen Beitrag zur weiteren Professionalisierung der kommunalen Wirtschaftsförderung im deutschsprachigen Raum leisten. Die Schriftenreihe ist dabei prominent eingebettet in die Entwicklungen und angewandt-wissenschaftlichen Auseinandersetzungen beteiligter Forscherinnen und Forscher am Fachbereich Verwaltungswissenschaften der Hochschule Harz auf dem Campus Halberstadt in Sachsen-Anhalt.

Der Forschungs- und Ausbildungsbereich zur Wirtschaftsförderung ist ein interdisziplinärer Themencluster mit starkem Bezug zur öffentlichen Verwaltung. Am Fachbereich Verwaltungswissenschaften der Hochschule Harz wird dieser Themencluster unter anderem als eigenständiger Forschungsschwerpunkt intensiv bearbeitet. Der junge Fachbereich entstand durch die Externalisierung der nicht-technischen Ausbildung zum gehobenen Verwaltungsdienst in Sachsen-Anhalt im Jahre 1997 – ein damaliges Innovationsmodell zur Öffnung der Verwaltungsausbildung und Überführung in eine öffentliche Hochschule. Bis heute wird diese Vorgehensweise als „Halberstädter Modell" bezeichnet und wurde in späteren Jahren auch von anderen deutschen Bundesländern umgesetzt (Bundesvereinigung Hochschullehrerbund 1998, S. 21). Diese Öffnung der Ausbildung ließ erstmals eine breitere Denomination der Professuren und damit auch eine Ausweitung der Ausbildung zu. Mit der Berufung des heutigen Dekans Prof. Dr. Stember auf die Professur für Verwaltungswissenschaften im Jahre 1999, folgte ein erfahrener Wirtschaftsförderer dem Ruf an die Ausbildungsstätte im Harz. Auch durch andere Kolleginnen und Kollegen wurden immer wieder Themen der kommunalen Wirtschaftsförderung in die Ausbildung integriert.

Aus diesem Nukleus heraus entstanden erste Forschungsprojekte bis hin zum Aufbau des heute bundesweit viel beachteten Labors für angewandte IT in der Wirtschaftsförderung. Dieses „Wirtschaftsförderungslabor" führt inzwischen vertraglich mehr als 50 kommunale Wirtschaftsförderungen und die deutschen Marktführer von System- und Beratungslösungen für Wirtschaftsförderungen als Partner zusammen. Hier werden seit dem Jahr 2011 in einer einzigartigen Gemeinschaft neue Methoden und Technologien im Anwendungsfeld der Wirtschaftsförderung analysiert, diskutiert und im Praxiseinsatz erprobt. Hinzu kam im Jahr 2013 der Aufbau eines zugehörigen Lehrlabors zur besseren Verzahnung von Forschung und Ausbildung (vgl. Göbel 2014).

Diese Leistungen wurden durch eine erfolgreiche Teilnahme am Wettbewerb „Aufstieg durch Bildung: offene Hochschulen" honoriert. Hierdurch werden seit 2014 mit Förderung des Bundesministeriums für Bildung und Forschung, kofinanziert durch die Europäische Union mit Mitteln des Europäischen Sozialfonds, erste Zertifikatskurse zur berufsbegleitenden Weiterbildung in der Wirtschaftsförderung realisiert. Mit großem Bestreben werden ab dem Wintersemester 2016/2017 diese geförderten Weiterbildungsangebote nachhaltig zu einem berufsbegleitenden und modular angebotenen Zertifikats- und Masterstudium an der Hochschule Harz zusammengeführt. Hierdurch möchte die Hochschule Harz der bestehenden Nachfrage gerecht werden, welche die vorliegenden Anfragen und die bisherigen Teilnehmer von der Geschäftsführungsebene bis zur Sachbearbeitung bestätigen.

Um diesen Ausbildungsbeitrag zur Professionalisierung des Berufsbilds der Wirtschaftsförderinnen und Wirtschaftsförderer weiter zu stärken, werden mit der vorliegenden Schriftenreihe die gewonnenen Erkenntnisse aus Lehre und Praxis sowohl als Printmedium sowie auch in Form von digitalen Auszügen über moderne Kommunikationskanäle verfügbar gemacht. Die aktuell in sehr kurzen Zyklen produzierten Bände dieser Schriftenreihe folgen dem modularen Ausbildungsziel des oben genannten Zertifikatsstudiums an der Hochschule Harz. In diesem Rahmen werden je vier Bände mit dem Schwerpunkten Verwaltungswissenschaft, Geografie/Raumplanung sowie Wirtschaftswissenschaft entwickelt und in kurzen Abständen veröffentlicht. Somit soll eine modulare Weiterbildung für aktuell häufig vertretene Berufsgruppen in der kommunalen Wirtschaftsförderung ermöglicht werden. Hierzu gehören vor allem Geografinnen und Geografen mit möglichen Weiterbildungsbedarfen in Verwaltung und Wirtschaft; Soziologinnen und Soziologen sowie Studierende mit einem Abschluss in den Verwaltungswissenschaften mit jeweiligen Weiterbildungsbedarfen in Geografie und Wirtschaft; sowie Studierende der Volks- oder Betriebswirtschaft mit denkbaren Weiterbildungsbedarfen in Verwaltung und Geografie. Diese Bedarfe sollen mit der vorliegenden Schriftenreihe zur Wirtschaftsförderung in Lehre und Praxis aufgenommen und bearbeitet werden. Gleichermaßen gelten alle nachfolgenden Kernveröffentlichungen gleichzeitig als Basislektüre für das Weiterbildungsangebot zur Wirtschaftsförderung an der Hochschule Harz. Die vorliegende Schriftenreihe umfasst dabei perspektivisch folgende Bände:

Im Spektrum „Verwaltungswissen für Wirtschaftsförderer" erscheinen:

- Grundlagen der Wirtschaftsförderung
- Steuerung, Methoden und Netzwerke in der Wirtschaftsförderung
- Serviceorientierte Verwaltung und Wirtschaftsförderung
- Neue Technologien in der Wirtschaftsförderung

Zum Themencluster „Geografie und Raumplanung für Wirtschaftsförderer" erscheinen:

- Entwicklung und Regionalökonomie in der Wirtschaftsförderung
- Wissen- und Innovationsgeografie in der Wirtschaftsförderung
- Standortmanagement in der Wirtschaftsförderung
- Standortmarketing in der Wirtschaftsförderung

Im Bereich „Wirtschaftswissen für Wirtschaftsförderer" werden aktuell vorbereitet (Arbeitstitel):

- Existenzgründung und Existenzförderung in der Wirtschaftsförderung
- Unternehmensfinanzierung und -förderung aus Sicht der Wirtschaftsförderung
- Kommunikation und Nachhaltigkeit im Innovationsmanagement von Unternehmen
- Unternehmensführung und Wandel aus Sicht der Wirtschaftsförderung

Neben diesen Aspekten werden auch Querschnittsthemen in die Reihe einfließen, wie zum Beispiel aktuelle Themen der Strategieentwicklung zur Organisation der Wirtschaftsförderung und weitere Aspekte.

Mit all diesen thematischen Facetten soll ein Beitrag zur breiten öffentlichen Diskussion über die Chancen der Professionalisierung sowie über die notwendigen Kompetenzen, Ausstattungen und künftigen Aufgaben der kommunalen Wirtschaftsförderung geleistet werden. Ich freue mich daher Ihnen als Leserin und Leser nun gemeinsam mit Prof. Dr. Astrid Nelke diesen Übersichtsband zum Innovationsmanagement von Unternehmen mit den Schwerpunkten der Kommunikation und Nachhaltigkeit in der Schriftenreihe zur Wirtschaftsförderung in Lehre und Praxis anbieten zu können. Wir freuen uns auf Ihre Rückmeldungen und wünschen Ihnen eine angenehme Lektüre.

Ihr
Prof. Dr. André Göbel
Vertreter der Professur für Verwaltungsmanagement und Wirtschaftsförderung, Hochschule Harz Leiter der Labore für angewandte IT in der Wirtschaftsförderung

Literatur

Bundesvereinigung Hochschullehrerbund 1998: Halberstädter Modell der FH Harz ist bundesweit einzigartig. Die neue Hochschule Jg. 39 (1998), H. 1

Göbel, André 2014: Möglichkeiten einer gezielten Förderung der Zusammenarbeit von Hochschulen, Wirtschaft und Verwaltung. Darstellung am Beispiel des Aufbaus eines Innovationslabors für Wirtschaftsförderung an der Hochschule Harz. In: Lück-Schneider, Dagmar; Kraatz, Erik: Kompetenzen für zeitgemäßes Public Management. HWR Forschung Bd. 56/57. Edition Sigma Verlag.

„Der beste Weg, eine gute Idee zu haben ist, viele Ideen zu haben"
Linus Carl Pauling, zweifacher Nobelpreisträger

Inhaltsverzeichnis

1 **Einführung** 1
   1.1 Problemhintergrund und Aktualität... 1
   1.2 Ziele des Moduls und Ausrichtung(en)... 1
   1.3 Struktur und Navigationshinweise 2
   1.4 Literatur- und Materialienüberblick.. 3

2 **Der Innovationsmanagementprozess im Unternehmen**........................ 5
   2.1 Baustein 1: Begriffsdefinitionen Innovation, Innovationsmanagement und Innovationsprozess.. 6
   2.2 Baustein 2: Innovationsmanagement im Unternehmen 12
   2.3 Baustein 3: Erfolgsfaktoren im Innovationsmanagement 29
   Literatur.. 41

3 **Wissensmanagement als Grundlage und Form des Innovationsmanagements**... 43
   3.1 Baustein 1: Begriffsdefinitionen: Informations- und Wissensgesellschaft, Information, Wissen, Wissensmanagement 44
   3.2 Baustein 2: Wissensmanagement im Unternehmen und im Zusammenspiel mit Innovationen 49
   Literatur.. 60

4 **Kommunikation für Innovationen**.. 61
   4.1 Baustein 1: Begriffsdefinitionen interne und externe Unternehmenskommunikation... 62
   4.2 Baustein 2: Zusammenhang von Kommunikation und Innovation im Unternehmen.. 72
   Literatur.. 79

5 **Nachhaltigkeit und Innovation** 81
   5.1 Baustein 1: Was heißt nachhaltige Innovation? 82
   5.2 Baustein 2: Zusammenhang von Nachhaltigkeit und Innovation im Unternehmen – Praxisbeispiele 88
   Literatur.. 101

6 Gesamtresümee und Abschlusskontrolle 103
    6.1   Resümee 103
    6.2   Abschließende Kontrollfragen 109
    Literatur 109

Abbildungsverzeichnis

Abb. 2.1	Die fünf langen Konjunkturwellen (Kondratieff-Zyklen), (Quelle: Vahs und Brem 2015, S. 6)	7
Abb. 2.2	Innovationstrichter (Quelle: Müller-Pröthmann und Dörr 2014, S. 31)	9
Abb. 2.3	Phasenmodell des Innovationsprozesses nach Geschka (Quelle: Geschka 1993, S. 160)	10
Abb. 2.4	Stage-Gate-Modell nach Cooper (Quelle: Kleinschmitt et al. 1996, S. 52–53)	11
Abb. 2.5	Grundschema eines idealisierten Innovationsprozesses (Quelle: Vahs und Brem 2015, S. 230)	23
Abb. 2.6	Einflussfaktoren des Innovations- und Unternehmenserfolgs (Quelle: Vahs und Brem 2015, S. 73)	33
Abb. 2.7	House of Innovation der ThyssenKrupp AG (Quelle: Vahs und Brem 2015, S. 74)	34
Abb. 2.8	Typische „Umsetzungsfallen" im Innovationsprozess (Quelle: Vahs und Brem 2015, S. 89)	38
Abb. 3.1	Die Beziehungen zwischen den Ebenen der Begriffshierarchie Zeichen, Daten, Informationen und Wissen (In Anlehnung an Rehäuser und Krcmar 1996, S. 6)	46
Abb. 3.2	Wissenstreppe (Quelle: North 2005, S. 32)	47
Abb. 3.3	Kernprozesse des Wissensmanagements (Quelle: Probst et al. 2012, S. 30)	52
Abb. 3.4	SECI-Modell: Die Formen der Wissensteilung und Transformation (Quelle: in Anlehnung an Jantzen 2009, S. 35)	53
Abb. 3.5	Drei Ebenen des Wissensmanagements (Quelle: Rehäuser und Krcmar 1996, S. 18)	56
Abb. 3.6	Integration von Kollaboration und Loops im Ideenmanagementprozess (Quelle: Müller-Pröthmann und Dörr 2014, S. 117, aus: Müller-Pröthmann 2008)	58
Abb. 4.1	Kontaktfelder eines Unternehmens (Quelle: Avenarius 2008, S. 181)	63

Abb. 4.2	Managementprozess der Gesamtkommunikation (Top-down-Planung) (Quelle Bruhn 2009, S. 167)	70
Abb. 4.3	Grundlegende Rollen und beispielhafte Strategien/Instrumente von Kommunikationsexperten im Innovationsmanagement (Quelle Zerfaß 2009, S. 46)	75

Tabellenverzeichnis

Tab. 2.1	Differenzierungskriterien für Innovationen	12
Tab. 2.2	Einteilung von Innovationen nach Gegenstandsbereichen	15
Tab. 2.3	Einteilung von Innovationen nach Neuigkeitsgrad	16
Tab. 2.4	Chancen und Risiken unterschiedlicher Markteintrittszeitpunkte (Quelle: Müller-Pröthmann und Dörr 2014, S. 16, nach Corsten et al. 2006)	22
Tab. 2.5	SWOT eines KMU	24
Tab. 2.6	Quellen und Methoden der Ideengenerierung	25
Tab. 2.7	Mögliche Kernfragen eines Innovationssteckbriefs	27
Tab. 2.8	Merkmale einer Innovationskultur	31
Tab. 2.9	Auszug Checkliste betriebliche Realisierung	37
Tab. 2.10	Prozessbegleitende Erfolgsevaluation	40
Tab. 4.1	Alternative Konzeptionalisierungen der Kernbegriffe	74
Tab. 5.1	Strategietypen	86

Einführung 1

1.1 Problemhintergrund und Aktualität

Der Begriff Innovation wird seit geraumer Zeit sowohl in der Wissenschaft als auch in den Medien gerne und oft verwendet – die Wirtschaft erhofft sich von dem modischen Begriff Lösungsansätze für diverse Herausforderungen in der Praxis von Unternehmen. Auch in Politik und Gesellschaft ist der Begriff Innovation mit verschiedenen Bedeutungen präsent. Durch diese verschiedenen Verwendungen ist das Verständnis von Innovation häufig unterschiedlich. Deshalb beginnt dieses Buch mit Begriffsdefinitionen.

1.2 Ziele des Moduls und Ausrichtung(en)

Die Lesenden sollen mit diesem Buch die Grundlagen für die Anwendungsfelder von Innovationsmanagement in Unternehmen kennen lernen. Hierzu werden die Begriffe Innovation, Innovationsprozess sowie Innovationsmanagement definiert und anschließend Beispiele für die verschiedenen Typen von Innovationen in der Praxis erarbeitet.

Anhand von theoretischen Modellen lernen die Leserinnen und Leser die Phasen des Innovationsmanagementprozesses kennen und vollziehen diesen anhand von Beispielen aus der Praxis nach. Damit werden sie in die Lage versetzt, Merkmale einer Innovationskultur im Unternehmen zu benennen sowie innovationsspezifische Erfolgsfaktoren sowohl unternehmensintern als auch unternehmensextern zu verstehen und zu bewerten. Im Themengebiet Innovationscontrolling lernen die Teilnehmenden Möglichkeiten der Messung des Innovationserfolgs im Unternehmen kennen und wenden diese an.

Anschließend analysieren die Lesenden Wissensmanagement als wichtige Grundlage des Innovationsmanagements und seine spezifischen Ausprägungen als Prozess im

Unternehmen. Im Themenkomplex Kommunikation und Innovationsmanagement wird verdeutlicht, welche Rolle der Kommunikation im Innovationsprozess zukommt. Weiterhin werden Möglichkeiten thematisiert, wie durch ein erfolgreiches Innovationsmanagement die Unternehmenskommunikation unterstützt sowie die Arbeitgebermarke des Unternehmens gestärkt werden kann. Auch der Themenkomplex Innovation und Nachhaltigkeit wird angesprochen und verdeutlicht die Chancen von nachhaltigen Innovationen für die Wertschöpfung des Unternehmens.

1.3 Struktur und Navigationshinweise

Insgesamt gliedert sich das Buch in sechs Kapitel, wobei die Kap. 2 bis Kap. 5 jeweils 2 bzw. 3 Bausteine aufweisen. Am Ende jedes Bausteins erfolgt eine Zusammenfassung, die die wesentlichen Erkenntnisse zusammenführt und gegebenenfalls reflektiert. Kontrollfragen bilden den Abschluss jedes Bausteins – sie unterstützen die Lesenden beim Erarbeiten des Lernstoffs und helfen ihnen, selbst den Lernerfolg zu überprüfen.

Zunächst werden in Kap. 2 die Begriffe des Themenfeldes Innovation erklärt und anschließend die Bereiche Innovationsmanagement sowie Innovationsprozess dargestellt. Danach wird auf die Besonderheiten von Innovationsmanagement im Unternehmen eingegangen und die Anforderungen an Führungskräfte im Innovationsmanagement werden erläutert. Im dritten Baustein des zweiten Kapitels werden Erfolgsfaktoren im Innovationsmanagement definiert und das Innovationscontrolling zur Erreichung der unternehmenseigenen Ziele sowie zur Verbesserung der Prozesse vorgestellt.

In Kap. 3 wird anschließend Wissensmanagement als Grundlage für Innovationsmanagement thematisiert. Dazu werden auch hier zunächst die relevanten Begriffe Information, Wissen und Wissensmanagement erklärt, um dann Wissensmanagement im Unternehmen darzustellen. Anschließend wird die Bedeutung eines gut funktionierenden Wissensmanagements für ein innovatives Unternehmen aufgezeigt.

Kap. 4 setzt sich mit dem Verhältnis von Kommunikation und Innovation auseinander. Wie in den vorangegangenen Kapiteln erfolgen zunächst Begriffsdefinitionen für die interne und externe Unternehmenskommunikation. Anschließend wird erläutert, welche Bereiche Unternehmenskommunikation beinhaltet und warum sie strategisch geplant werden muss, um erfolgreich zu sein. Im zweiten Baustein dieses Kapitels wird dann der Zusammenhang von Kommunikation und Innovation für Unternehmen detailliert dargestellt.

Kap. 5 thematisiert den Zusammenhang von Nachhaltigkeit und Innovation. Hierzu wird zunächst erörtert, was Nachhaltigkeit und unternehmerische Verantwortung sind. Anschließend wird auf den Zusammenhang von Nachhaltigkeit und Innovation eingegangen. Im letzten Unterkapitel werden vier Unternehmensbeispiele im Spannungsfeld von Nachhaltigkeit und Innovation vorgestellt sowie auf eine Studie zum nachhaltigen Wirtschaften und der Kommunikation zu diesem Thema bei Start-ups eingegangen.

Leserinnen und Leser können sich durchaus auch nach Interesse einzelne Bausteine vornehmen und die Inhalte erarbeiten. Eine strenge Orientierung an der gegebenen

Abfolge ist nicht zwingend. Dennoch erscheint es der Autorin ratsam, sich gerade als Neuling in der Materie schrittweise vom Allgemeinen zum Speziellen vorzuarbeiten. Die Struktur dieses Buches korrespondiert nicht zuletzt weitgehend mit der Struktur der Lehrveranstaltung. Sie bietet somit eine einfache Möglichkeit der Wiederholung und Vertiefung. Durch Übungsaufgaben soll das Erlernte weiter gefestigt und eine Reflexion des Stoffes angeregt werden.

1.4 Literatur- und Materialienüberblick

In den einzelnen Kapiteln werden zum jeweiligen Thema die relevanten Autorinnen und Autoren einbezogen. So wurde im Bereich des Innovationsmanagementprozesses mit den Werken von Hauschildt und Salomo und Vahs und Brem gearbeitet. Auch Müller-Pröthmann und Dörr seien zum Eigenstudium empfohlen. Wer sich in Kreativitätstechniken vertiefen möchte, dem sei das Buch von Brem und Brem empfohlen.

Im Themengebiet Wissensmanagement wurde sowohl mit dem Klassiker von Nonaka und Takeuchi gearbeitet als auch mit weiteren bekannten Werken von Drucker, Polanyi und Willke. Aber auch neuere Bücher wie von Wildner oder Raub et al. geben einen guten Überblick über das Lernfeld.

Im Bereich der Kommunikation sind klassische Werke von Avenarius, Bruhn, Lies und Mast zu empfehlen, um sich einen guten Überblick über die unterschiedlichen in der Literatur vertretenden Richtungen, was Kommunikation ist und wie sie arbeitet, zu machen. Im Zusammenhang von Kommunikation und Innovation wurde ein Augenmerk auf das Werk von Zerfaß gelegt – wer sich weiter für die Strukturationstheorie und das Zusammenspiel von Handeln und Struktur interessiert, dem sei das Werk „Die Konstitution der Gesellschaft. Grundzüge einer Theorie der Strukturierung" von Anthony Giddens ans Herz gelegt. Eine weitere Auseinandersetzung mit der „Theorie der Strukturierung" hätte für dieses Buch den Rahmen gesprengt, wäre allerdings aus Sichtweise der Autorin sicherlich auch für das Themengebiet des Innovationsmanagements fruchtbar gewesen.

Das letzte Kapitel stützt sich im Bereich Nachhaltigkeit auf die Werke von Balderjahn und Pufé. Die Praxisbeispiele sind dem sich gerade im Druck befindenden Buch von Gordon und Nelke entnommen und bilden damit sehr aktuelle Beispiele aus der Praxis ab.

Der Innovationsmanagementprozess im Unternehmen

Zusammenfassung

Innovationen werden in der wissenschaftlichen Literatur als Ideen verstanden, die in einem Innovationsprozess mehrfach geprüft, anschließend entwickelt und getestet und letztendlich produziert und in den jeweiligen Markt eingeführt werden. Sie werden nach verschiedenen Kriterien unterschieden: Am häufigsten finden sich die Unterscheidungen in Produkt- und Prozessinnovationen, in soziale und organisatorische Innovationen sowie in Marketing- und Geschäftsmodellinnovationen. Alle Planungs-, Entscheidungs-, Organisations- und Kontrollaufgaben, die diesem Prozess der Praxis zugrunde liegen, werden als Innovationsmanagement bezeichnet. Die Einflussgrößen auf den Innovationserfolg werden in vier Gruppen eingeteilt: innovationsspezifische, unternehmensinterne, unternehmensexterne und sonstige Erfolgsfaktoren. Besonders wichtig sind eine hohe Transparenz des geplanten Ablaufs sowie des aktuellen Stands des Projektes, die offene und zeitnahe Kommunikation über den Projektstatus und notwendige Veränderungen sowie intensive Abstimmungen zwischen den beteiligten Abteilungen Entwicklung, Verkauf, Service und Leistungserstellung. Der Innovationsprozess sollte durch ein professionelles Innovationscontrolling begleitet und unterstützt werden.

2.1 Baustein 1: Begriffsdefinitionen Innovation, Innovationsmanagement und Innovationsprozess

> **Lernziele**
> Dieser einführende Baustein behandelt wichtige Begriffsdefinitionen, die zum weiteren Verständnis der theoretischen Modelle notwendig sind sowie um deren Erscheinungsformen in der Praxis.

2.1.1 Was ist eine Innovation?

In der Literatur finden sich verschiedene Definitionen des Begriffes Innovation. Grundsätzlich wird mit dem Begriff immer „etwas Neues" verbunden. Hauschildt und Salomo (2011, S. 4) definieren Innovationen als qualitativ neuartige Produkte oder Verfahren, die sich gegenüber einem Vergleichszustand „merklich" unterscheiden. Bei dieser Definition kann die Ausgestaltung der „merklichen Veränderung" gegenüber einem Vergleichszustand in der Praxis schwierig werden.

Müller-Pröthmann und Dörr (2014, S. 7) setzen Innovationen mit dem Zusammenkommen einer Idee, deren Umsetzung in ein neues Produkt bzw. eine neue Dienstleistung oder ein neues Verfahren (= Invention) sowie deren Marktdurchdringung (Diffusion) gleich. Diese Definition beinhaltet also bereits einen gewissen wirtschaftlichen Erfolg und geht damit über das reine „Neu-Sein" eines Produktes oder Verfahrens aus der ersten Definition hinaus.

Vahs und Brem (2015, S. 21) definieren Innovationen noch deutlicher ökonomisch, wenn sie unter einer Innovation grundsätzlich die erstmalige wirtschaftliche Umsetzung einer neuen Idee (Exploitation) verstehen. Hierbei geht es ihnen um die ökonomische Optimierung der Wissensverwertung und damit um den wirtschaftlichen Erfolg. Die Autoren unterscheiden dabei die (Markt-)Einführung (Innovation im engeren Sinn) und die (Markt)Bewährung (Diffusion = Innovation im weiteren Sinn) der Invention in Form eines neuen Produktes oder Verfahrens.

2.1.2 Welche Innovationstypen gibt es?

Vahs und Brem (2015, S. 3) betrachten Innovationen nach Schumpeter als eigentlichen Motor der wirtschaftlichen Entwicklung und stellen ihre Bedeutung in den letzten zwei Jahrhunderten anhand der sogenannten „Kondratieff-Zyklen" dar. Die von Nicolai D. Kondratieff (1892–1938) theoretisch analysierten langen Konjunkturwellen gehen jeweils auf eine epochale technische Basisinnovation zurück, die anschließend eine wirtschaftliche Aufschwungphase nach sich zog und daneben die gesellschaftliche und politische Entwicklung beschleunigte (Abb. 2.1).

2.1 Baustein 1: Begriffsdefinitionen Innovation, Innovationsmanagement... 7

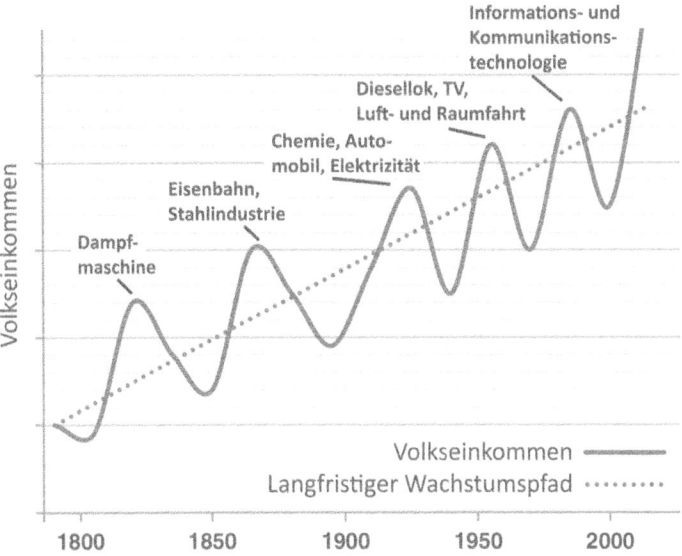

Abb. 2.1 Die fünf langen Konjunkturwellen (Kondratieff-Zyklen), (Quelle: Vahs und Brem 2015, S. 6)

In der neuen Hightech-Strategie Innovationen für Deutschland der Bundesregierung (Bundesministerium für Bildung und Forschung (BMBF) 2014, S. 4 ff.) werden fünf Kernelemente der strategischen Neuausrichtung für Deutschland genannt:

1. Prioritäre Zukunftsaufgaben für Wertschöpfung und Lebensqualität – Hier werden sechs priorisierte Zukunftsaufgaben genannt: Digitale Wirtschaft und Gesellschaft, Nachhaltiges Wirtschaften und Energie, Innovative Arbeitswelt, gesundes Leben, intelligente Mobilität sowie zivile Sicherheit.
2. Vernetzung und Transfer – Hier sollen mit neuen Maßnahmen die Potenziale der Hochschulen für Kooperationen mit Wirtschaft und Gesellschaft strategisch ausgebaut, Verwertungslücken geschlossen und die Internationalisierung von Spitzenclustern, Zukunftsprojekten und vergleichbaren Netzwerken vorangetrieben werden.
3. Innovationsdynamik in der Wirtschaft – Hier wird eine wettbewerbsfähige und beschäftigungsstarke Wirtschaft gefördert, die mit zukunftsträchtigen Produkten und Dienstleistungen mit innovativen Wettbewerbern, die weltweit agieren, erfolgreich konkurriert.
4. Innovationsfreundliche Rahmenbedingungen – Um Rahmenbedingungen innovationsfreundlicher zu gestalten, werden z. B. neue Initiativen zur Sicherung der Fachkräftebasis geplant sowie technische Regularien und Normen weiter harmonisiert. Durch diese Verbesserungen soll eine höhere Innovationsdynamik erzeugt werden.
5. Transparenz und Partizipation – Innovationspolitische Prozesse sollen durch interessierte Bürgerinnen und Bürger mitgestaltet werden, damit Innovationen stärker in der Mitte der

Gesellschaft verankert werden können. Hierzu soll auch die Wissenschaftskommunikation ausgebaut sowie neue Formate für Bürgerdialoge und Bürgerforschung geschaffen werden.

Damit setzt die Bundesregierung auf einen erweiterten Innovationsbegriff, der nicht nur technologische Aspekte beinhaltet, sondern auch soziale Innovationen mit einbezieht und die Gesellschaft als zentralen Akteur in diesem Prozess sieht. Aus diesen Kernelementen wurden in der letzten Legislaturperiode zehn Zukunftsprojekte geschaffen:

1. Die CO_2-neutrale, energieeffiziente und klimaangepasste Stadt
2. Nachwachsende Rohstoffe als Alternative zum Öl
3. Intelligenter Umbau der Energieversorgung
4. Krankheiten besser therapieren mit individualisierter Medizin
5. Mehr Gesundheit durch gezielte Prävention und Ernährung
6. Auch im Alter ein selbstbestimmtes Leben führen
7. Nachhaltige Mobilität
8. Internetbasierte Dienste für die Wirtschaft
9. Industrie 4.0
10. Sichere Identitäten (Bundesministerium für Bildung und Forschung (BMBF) 2014, S. 50).

Zusammenfassend lässt sich sagen, dass Innovationen die wirtschaftliche Entwicklung gesamtgesellschaftlich und auf das einzelne Unternehmen bezogen ermöglichen, dass aber alleine die Neuartigkeit aus einer Idee noch lange keine Innovation macht. Sie muss zuerst in ein greifbares Produkt, ein anwendbares Verfahren oder eine erlebbare Dienstleistung übertragen werden und sich anschließend auf einem zuvor definierten Markt behaupten – erst dann trägt die Idee zur Wertschöpfung des Unternehmens bei und gilt als Innovation. Innovationen lassen sich in technologische und soziale Innovationen einteilen und sollen die Gesellschaft als zentralen Akteur in diesem Prozess einbeziehen.

2.1.3 Was versteht man unter Innovationsmanagement?

Damit eine wie in Abschn. 2.1.1 definierte Innovation zustande kommen kann und in einem für das Unternehmen realisierbaren zeitlichen und finanziellen Rahmen bleibt, ist es notwendig, den dazugehörigen Prozess zu managen, d. h. ihn von der Generierung einer neuen Idee über deren Umsetzung bis hin zur Marktdurchdringung systematisch zu begleiten. Zentral hierbei sind die nachhaltige Sicherung bzw. sogar die Verbesserung der Unternehmensposition (Müller-Pröthmann und Dörr, S. 11).

Für Vahs und Brem (2015, S. 28) umfasst das Innovationsmanagement alle Planungs-, Entscheidungs-, Organisations- und Kontrollaufgaben im Hinblick auf Generierung und Umsetzung neuer Ideen in marktfähige Leistungen. Die Autoren unterscheiden hierbei das strategische Innovationsmanagement und das operative Innovationsmanagement. Das strategische Innovationsmanagement dient der grundsätzlichen sowie langfristigen Sicherung der Erfolgspotenziale eines Unternehmens. Es setzt sich angelehnt an den Managementkreislauf aus den Phasen-Analyse der Unternehmensumwelt, Definition der Unternehmensziele, Festlegung der Innovationsstrategie sowie des strategischen F+E-Projektprogramms und der Technologie- und Technikbereitstellung zusammen.

Das operative Innovationsmanagement umfasst nach Vahs und Brem die mittel- und kurzfristige Gestaltung und Steuerung der geplanten und laufenden Innovationsaktivitäten.

2.1.4 Was beinhaltet der Innovationsprozess?

Für Müller-Pröthmann und Dörr (2014, S. 31) umfasst der Innovationsprozess alle Phasen von der Ideenentwicklung bis zur Produktumsetzung bezogen auf eine Innovation. Bei der Entwicklung von Verfahren oder Dienstleistungen gilt dies ebenso von der Ideenentwicklung bis zur Erstellung eines einsatzfähigen Verfahrens bzw. einer Dienstleistung.

Folgende Phasen des Innovationsprozesses unterscheiden die Autoren anhand eines Innovationsprozesses für eine Produktentwicklung:

- Ideengenerierung, -entwicklung und -bewertung
- Ideenauswahl und Kick-off zu Umsetzung eines (Vor-/Technologie-) Entwicklungsproduktes
- Vor-/Technologieentwicklung, Machbarkeitsnachweis (Prototyp) und Kick-off für die Produktentwicklung
- Produktentwicklungsprozess
- Produktion und Markteinführung

Der in Abb. 2.2 dargestellte Innovationstrichter zeigt die Reduzierung einer Vielzahl an Ideen, von denen ein geringerer Teil zur Weiterentwicklung ausgewählt wird. Ein noch kleinerer Teil wird in der Produktentwicklung umgesetzt – nur noch ganz wenige Ideen

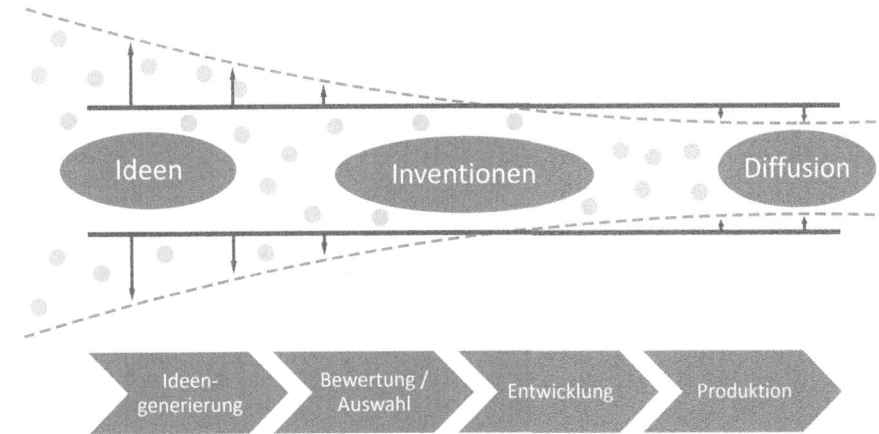

Abb. 2.2 Innovationstrichter (Quelle: Müller-Pröthmann und Dörr 2014, S. 31)

schaffen es, als neue Produkte auf den Markt zu gelangen. Ein solches Aussieben von Ideen nach pragmatischen Aspekten funktioniert ebenso im Innovationsprozess für Verfahren und Dienstleistungen.

Ein verbreitetes Beispiel für ein Phasenmodell des Innovationsprozesses ist der in Abb. 2.3 dargestellte Vorschlag nach Geschka (1993, S. 160). Dieses Modell besteht aus den Phasen 0 (=Vorphase), 1 (Planung und Konzeptionsfindung), 2 (Produkt- und Verfahrensentwicklung), 3 (Aufbau der Produktion) sowie 4 (Markteinführung). Für Geschka umfasst das Innovationsprojekt die Phasen 1–4 und der Innovationsprozess die Phasen 0–4. Der Autor (1993, S. 182) weist darauf hin, dass bei der Planung von Innovationen die Vorphase weiter unterteilt werden kann, hierzu schlägt er die Unterphasen „Strategische Orientierung", „Ideenfindung" sowie „Bewertung und Auswahl" vor.

Ein weiteres klassisches Standardschema für Innovationsprozesse ist das Stage-Gate-Modell von Cooper (1996). Der Autor beginnt den gesamten Prozess mit der Idee und führt ihn in fünf Prozessschritten bis hin zur Review, also zur Analysephase nach einem Prozessdurchlauf (vgl. Abb. 2.4).

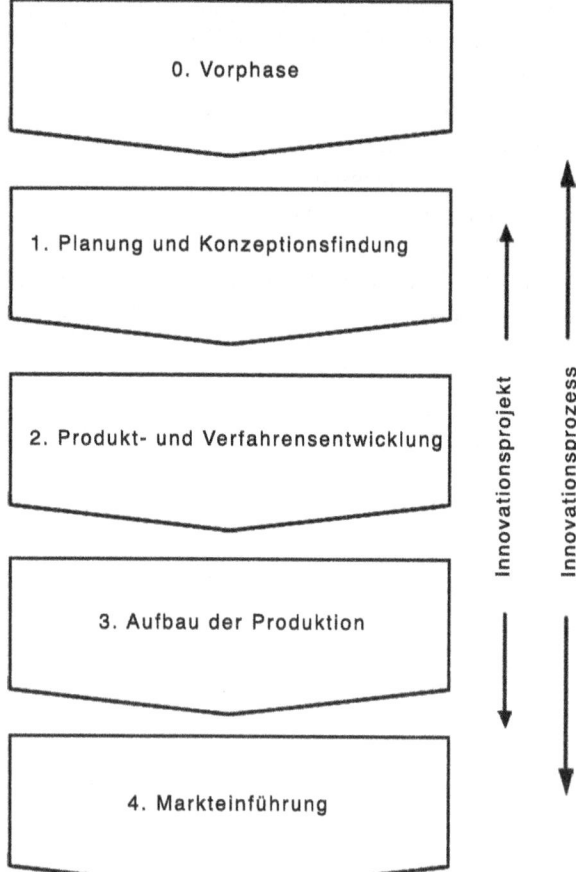

Abb. 2.3 Phasenmodell des Innovationsprozesses nach Geschka (Quelle: Geschka 1993, S. 160)

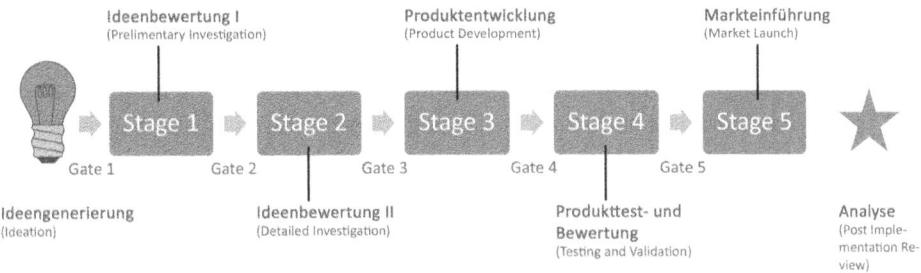

Abb. 2.4 Stage-Gate-Modell nach Cooper (Quelle: Kleinschmitt et al. 1996, S. 52–53)

Als ersten Prozessschritt dekliniert Cooper die Stufe der Voranalysen, in der zweiten Stufe folgen in diesem Modell die Detailanalysen im Hinblick auf die Umsetzbarkeit der Idee. In der dritten Stufe folgt nun die Entwicklung, in Stufe vier werden Tests gemacht sowie die Produktion angefahren. In der fünften Stufe subsummiert der Autor den Produktionsanlauf sowie die Markteinführung des neuen Produkts. Zwischen den jeweiligen Stufen wird an dem dazwischengeschalteten Gate der Projektfortschritt überprüft und über den Fortgang des Innovationsprozesses entschieden.

Cooper hat sein Modell weiterentwickelt und später je nach Art der Innovation drei Sub-Systeme unterschieden. Durch die Einteilung in den Full Stage-Gate, den Stage-Gate Xpress sowie den Stage-Gate Lite bietet sein Modell nach Vahs und Brem (2015, S. 242–243) nun eine höhere Ressourceneffizienz, da nicht mehr für jede Innovation derselbe, sehr aufwendige Prozess durchlaufen werden muss. Bei Projekten mit geringerem Risiko bzw. bei kleineren Änderungsanfragen bietet Coopers Modell nun schnellere Wege, um zügig zu einem guten Ergebnis zu kommen. Allen Sub-Prozessen gemeinsam ist die Tatsache, dass zwischen nebeneinanderliegenden Schritten der Prozessfortschritt überprüft wird und das weitere Vorgehen jeweils an dieses Prüfungsergebnis gekoppelt ist.

> **Resümee**
>
> Innovationen werden in der wissenschaftlichen Literatur als Ideen verstanden, die in einem Innovationsprozess mehrfach geprüft, anschließend entwickelt und getestet und letztendlich produziert und in den jeweiligen Markt eingeführt werden. Alle Planungs-, Entscheidungs-, Organisations- und Kontrollaufgaben, die diesem Prozess der Praxis zugrunde liegen, werden als Innovationsmanagement bezeichnet. Damit eine Idee erfolgreich ist und als Innovation bezeichnet werden kann, ist eine gewisse Marktdurchdringung erforderlich, d. h. die Idee muss sich wirtschaftlich behaupten und so zur Wertschöpfung ihres Unternehmens beitragen.

> **Kontroll- und Lernfragen**
> a. Erklären Sie den Begriff der Innovation und grenzen Sie ihn zum Begriff der „Idee" ab.
> b. Erläutern Sie die einzelnen Stufen, aus denen sich ein erfolgreiches Innovationsmanagement zusammensetzen sollte.

c. Erklären Sie jeweils in drei Sätzen Ihnen bekannte Modelle im Zusammenhang mit Innovationsprozessen.
d. Reflektieren Sie am Praxisbeispiel „Einführung der Packstationen bei der Post" einen möglichen Full-Stage-Gate-Prozess und erarbeiten Sie mögliche Argumente bei jedem Gate, die zum Abbruch des Prozesses führen könnten.

2.2 Baustein 2: Innovationsmanagement im Unternehmen

Lernziele

In diesem Baustein werden zunächst die verschiedenen Arten von Innovationen in der Literatur unterschieden und anschließend die besonderen Herausforderungen im Innovationsmanagement an das Unternehmen und seine Führungskräfte herausgearbeitet. Weiterhin wird die Position des Innovationsmanagers beschrieben und dessen Wichtigkeit diskutiert. Abschließend werden die Ziele sowie der Ablauf des Innovationsmanagementprozesses mit seinen einzelnen Schritten dargestellt und die Wichtigkeit des prozessbegleitenden Controllings erläutert.

2.2.1 Arten von Innovationen

Bevor es im folgenden Kapitel um das Managen von Innovationen im Unternehmen geht, sollen zunächst die verschiedenen Arten von Innovationen differenziert werden. Für Vahs und Brem (2015, S. 52) wird am häufigsten in Produkt- und Prozessinnovationen unterschieden, weitere Differenzierungskriterien sind soziale und organisatorische Innovationen sowie Marketing- und Geschäftsmodellinnovationen.

Die Autoren haben hierzu mehrere Differenzierungskriterien sowie die dazugehörige Kernfrage entwickelt, siehe dazu Tab. 2.1.

Für Vahs und Brem (2015, S. 53 f.) bestehen Produkte aus einem Produktkern, dem vom Kunden wahrgenommenen Produktäußeren sowie unterschiedlichen Zusatzleistungen. Der Produktkern beinhaltet die charakteristischen Eigenschaften und Grundfunktionen des Produktes

Tab. 2.1 Differenzierungskriterien für Innovationen

Differenzierungskriterium	Kernfrage
Gegenstandsbereich	Worauf bezieht sich die Innovation?
Auslöser	Wodurch wird die Innovation veranlasst?
Neuheitsgrad	Wie neu ist die Innovation?
Veränderungsumfang	Welche Veränderungen werden durch die Innovation im Unternehmen erforderlich?

(Quelle Vahs und Brem 2015, S. 52)

und sollte nicht verändert werden. Beim Produktäußeren und bei den Zusatzleistungen gibt es für die herstellenden Unternehmen viele Variationsmöglichkeiten, z. B. zusätzliche Leistungsmerkmale und Dienstleistungen. Die unverwechselbare „Produktpersönlichkeit" setzt sich dementsprechend aus verschiedenen Leistungs- und Nutzungsmerkmalen zusammen – damit sind produktbegleitende Dienstleistungen ein wichtiger Bestandteil von Produktinnovationen.

Aus diesem Grund ist das wichtigste Ziel einer Produktinnovation die Wettbewerbsposition durch die Markteinführung von neuen Produkten zu verteidigen oder sogar auszubauen und damit die Konkurrenzfähigkeit des Unternehmens zu stärken. Produktdifferenzierungen, bei denen einzelne oder mehrere Produktmerkmale eines bereits auf dem Markt etablierten Produktes verändert werden, sind nicht so risikoreich wie komplette Produktinnovationen und dienen dazu, das Produkt gegenüber der Konkurrenz zu repositionieren und den Produktlebenszyklus zu verlängern.

Für Hauschildt und Salomo (2011, S. 5) geht es bei Produktinnovationen nicht nur um einen Kombinationsprozess, sondern immer auch um den Verwertungsprozess am Markt. Hierbei soll eine Leistung offeriert werden, die der Benutzerin erlaubt, neue Zwecke zu erfüllen oder aber vorhandene Zwecke in einer völlig neuartigen Art und Weise zu erfüllen. Ziel einer Produktinnovation ist danach das Bewirken von Effektivität. Daneben kann der Benutzer auch Effizienzgewinne realisieren.

Vahs und Brem (2015, S. 55) nennen als Beispiel für eine Produktvariation einen Küchengerätehersteller, der seine Toaster und Kaffeemaschinen nicht wie bisher in Schwarz und Weiß herstellt, sondern neue Farben wie Gelb, Rot und Grün auf den Markt bringt. Hierbei hat sich am Produktnutzen nichts geändert – der Toaster toastet immer noch und die Kaffeemaschine produziert Kaffee – die farbliche Variation kann aber helfen, neue Zielgruppen anzusprechen und damit die Konsumentenbasis zu verbreitern.

Von Produktinnovationen unterschieden werden die Prozessinnovationen. Für Vahs und Brem (2015, S. 56) sind Prozesse inhaltlich abgeschlossene Vorgänge, die von einem bestimmten Ereignis, z. B. einem Kundenauftrag, angestoßen werden und einen definierbaren Input und Output haben. Innerhalb eines festgelegten Prozesses erfolgt durch die spezifische Kombination von Einsatzgütern der Wertzuwachs (Wertschöpfung), der als Prozessergebnis an einen internen oder externen Kunden weitergegeben wird. Prozessinnovationen werden auch als Verfahrensinnovationen bezeichnet und beziehen sich auf alle für die Leistungserstellung notwendigen materiellen sowie informationellen Prozesse. Prozessinnovationen zielen auf die Verbesserung oder auch Umgestaltung von Unternehmensprozessen ab, immer mit dem Ziel der verbesserten Wertschöpfung.

Für Hauschildt und Salomo (2011, S. 5) sind Prozessinnovationen neuartige Faktorenkombinationen, durch die die Produktion eines Gutes kostengünstiger, qualitativ hochwertiger, sicherer oder auch schneller erfolgen kann. Ziel der Prozessinnovation ist danach die Steigerung der Effizienz.

Vahs und Brem (2015, S. 57) halten fest, dass sich in der Wirtschaftspraxis der letzten Jahre ein Wandel vollzogen hat, der im Innovationsverhalten der Unternehmen erkennbar ist. Es wird deutlich, dass Produkt- und Prozessinnovationen den Kernbereich der Innovationstätigkeit der

Unternehmen ausmachen. Allerdings ist es sehr wichtig, die Bedürfnisse der Kunden im Auge zu behalten.

Als möglichen Misserfolg einer Prozessinnovation führen die Autoren ein Beispiel der Unternehmensberatung Arthur D. Little aus dem Hotel- und Gaststättengewerbe an: Für Gäste ist die Organisation der Küche uninteressant, die Qualität der Speisen und Getränke ist dagegen sehr wichtig. Das typische „Process-Reengineering" setzt allerdings in der Praxis häufig im Küchenbereich an und bindet teilweise Ressourcen der Servicekräfte, so dass sich die Prozessinnovation negativ auf die Befriedigung der Gästebedürfnisse auswirken kann.

Nach Hauschildt und Salomo (2011, S. 8) fallen Produkt- und Prozessinnovationen bei Dienstleistungen zusammen, auch bei Industriebetrieben fordern Produktinnovationen zunehmend auch Prozessinnovationen.

Auch der Humanbereich und die Aufbau- und Ablauforganisation eines Unternehmens kann der Gegenstand von Innovationen sein. Die Sozialinnovationen betreffen Menschen und ihr Verhalten im Unternehmen. Hierbei im Mittelpunkt stehen die Erfüllung sozialer Ziele wie die Erhöhung der Arbeitszufriedenheit, die Verbesserung des Unfallschutzes und die Arbeitsplatzsicherheit – all diese Ziele sind eng mit der Unternehmenskultur verbunden (Vahs und Brem 2015, S. 59).

Sozialinnovationen können auch auf das Employer Branding des Unternehmens einwirken und die Arbeitgebermarke stärken. Hierfür sollten sie in die Kommunikationsstrategie des Unternehmens aufgenommen werden und kontinuierlich nach innen und außen kommuniziert werden. Vahs und Brem (2015, S. 60) nennen die Einführung der Gruppenarbeit als eine Sozialinnovation, da die Beschäftigten so mehr Eigenverantwortung und einen größeren Handlungsspielraum erlangen. Hieraus können eine höhere Arbeitszufriedenheit sowie eine gesteigerte Motivation resultieren.

Strukturinnovationen werden auch als organisatorische Innovationen bezeichnet und sollen zur Verbesserung der Aufbau- und Ablauforganisation führen. Meistens stehen sie in enger Verbindung zu Prozess-, Produkt- und Sozialinnovationen. Sie beziehen sich sowohl auf Unternehmensprozesse als auch auf die Aufgabenträger im Unternehmen und die Objekte der Leistungserstellung.

> Strukturinnovationen sind neuartige Veränderungen in der Aufbau- und Ablauforganisation eines Unternehmens, die von dem Unternehmen bisher noch nicht umgesetzt worden sind (Vahs und Brem 2015, S. 61).

Gruppenarbeit ist für die Autoren auch eine Strukturinnovation, da sie sich auf die Organisation sowie die Qualität des Arbeitsablaufs im Unternehmen bezieht.

Ein weiterer Innovationstyp ist die Marketinginnovation, die z. B. das Produktdesign, die Werbung, die Markenpolitik oder die Preispolitik betreffen kann. Marketinginnovationen begleiten oft die Umsetzung von neuartigen Produkten am Markt.

Als letzter hier zu thematisierender Innovationstyp soll die Geschäftsmodellinnovation vorgestellt werden. Vahs und Brem (2015, S. 62 f.) unterscheiden drei Arten:

1. Unternehmensmodellinnovationen: Diese dienen der Spezialisierung und Umstrukturierung des Unternehmens. Hierbei wird neu festgelegt, welche Aufgaben selbst und welche zusammen mit Partnern erfüllt werden sollen. Als Beispiel für diese Innovationsart wird das Unternehmen Cisco genannt, das sich auf die Bereiche Brand und Design konzentriert und die Bereiche Fertigung, Vertrieb und andere Aufgaben an einen externen Partner übertragen hat.
2. Umsatzmodellinnovation: Sie führen zu Veränderungen in der Umsatzgenerierung mithilfe neuer Wertbeiträge sowie neuer Preismodelle. Als Beispiel hierfür wird Gilette angeführt, das den wichtigsten Umsatzstrom von Rasierern zu Rasierklingen umgeleitet hat.
3. Branchenmodellinnovationen: Hierbei geht es um die Neudefinition einer bestehenden Branche, den Einstieg in eine neue Branche oder die Schaffung einer ganz neuen Branche. Hierfür kann Apple mit seinem Einstieg als größter Musikeinzelhändler mit Produkten wie iPod und iTunes als Beispiel genannt werden.

Hartschen et al. (2015, S. 9) haben Gegenstandbereiche und jeweils passende Beispiele in der Tab. 2.2 gut verständlich zusammengefasst.

Die Autoren merken hierbei an, dass die von ihnen gemachte Einteilung eher theoretisch ist, da die Trennlinie nicht immer ganz genau gezogen werden kann. Der Onlinebuchhandel Amazon lässt sich beispielsweise nicht trennscharf einteilen: Handelt es sich dabei um eine Dienstleistungsinnovation oder um eine Prozessinnovation? Die Autoren entscheiden sich für: beides.

Wie schon in Tab. 2.2 dargestellt, ist auch der Neuigkeitsgrad für die Einteilung von Innovationen gut geeignet. Bei Routine- und Verbesserungsinnovationen wird ein bereits bestehendes

Tab. 2.2 Einteilung von Innovationen nach Gegenstandsbereichen

Gegenstandsbereich	Beispiele
Produkt- und Dienstleistungsinnovationen	Kugelschreiber
	Telefon
	Stilberatung
Prozessinnovationen	Fließbandarbeit
	Just-in-time-Produktion
	Elektronische Theaterkarten
Sozialinnovation	Jobrotation
	Beschäftigungsprogramme für Arbeitssuchende
	Arbeitslosengeld
Managementinnovation	Virtuelle Organisationsformen
	Einsatz von neuen Führungsinstrumenten (EFQM-Modell (European Foundation for Quality Management), MbO (Management by Objectives)

Quelle: Hartschen et al. (2015, S. 9)

Tab. 2.3 Einteilung von Innovationen nach Neuigkeitsgrad

Neuigkeitsgrad	Beispiele
Radikalinnovationen sind vollkommen neue und hoch wirtschaftliche Anwenderlösungen. Sie stellen einen Paradigmenwechsel für den Kunden und eine dauerhafte Differenzierung gegenüber der Konkurrenz dar. Sie beinhalten ein attraktives Potenzial zur Realisierung neuer Produkte oder Prozesse. Sie stellen einen Quantensprung dar und dienen wiederum als Quelle für eine Vielzahl weiterer Innovationen.	Selbstreinigende Bratpfannen mit Nanotechnologie E-Mail Digitalfotografie
Verbesserungsinnovationen stellen eine wesentliche Verbesserung gegenüber einer bestehenden Anwenderlösung, einer bestehenden Produktlinie oder einem Prozess dar. Manche Eigenschaften werden um 30 % oder mehr verbessert. Sie unterstützen und verstärken die führende Position der Produktlinie und bieten einen mittelfristigen Wettbewerbsvorteil.	GPS auf Mobiltelefon Zahnbürste mit ergonomischem Handgriff SMS über Festnetzanschluss Elektronische Fahrkarte mit MMS
Routineinnovationen bieten einen Mehrwert für bestehende Anwenderlösungen durch zusätzliche Merkmale, Optimierung bestehender Eigenschaften oder durch Reduktion der Produktionskosten. Sie dienen der Anpassung von Preis, Qualität und Service in Unternehmen und haben nur eine kurze Wettbewerbswirkung. Unter dem Begriff KVP (Kontinuierlicher Verbesserungsprozess) werden in erster Linie Routineinnovationen verstanden.	Beleuchtung von Funktionstasten Verstärkung von Scharnieren, welche stets ausbrechen Ein-Aus-Schalter am Netzgerät, um Strom zu sparen

Quelle: Hartschen et al. (2015, S. 10)

Produkt oder eine bereits bestehende Dienstleistung angepasst oder verbessert – von der Art her sind das Produkt oder die Dienstleistung nicht wirklich neu. Nach Hartschen et al. (2015) ist dies bei radikalen Innovationen anders, hier entsteht im Grundsatz etwas komplett Neuartiges (vgl. Tab. 2.3).

2.2.2 Besonderheiten von Innovationsmanagement im Unternehmen sowie Anforderungen an die Führungskräfte

Für Hauschildt und Salomo (2011, S. 29 f.) ist Innovationsmanagement aus der prozessualen Sichtweise die dispositive Gestaltung von Innovationsprozessen. Aus systemtheoretischer Sicht wird Innovationsmanagement als die bewusste Gestaltung des Innovationssystems verstanden, d. h. nicht nur einzelner Prozesse, sondern auch der Institution, innerhalb derer diese Prozesse ablaufen. Die Autoren grenzen Innovationsmanagement von F+E-Management folgendermaßen ab: Forschungs- und Entwicklungsprozesse sind sicherlich Innovationsprozesse, allerdings gilt dieser Zusammenhang nicht umgekehrt. Die Unterschiede erklären die Autoren so:

- Forschungs- und Entwicklungsprozesse beinhalten immer naturwissenschaftlich-technische Prozesse, Innovationen können aber auch administrative Prozesse beinhalten
- Prozesse der Forschung und Entwicklung werden in vielen Unternehmen systematisch durchgeführt und folgen bestimmten Konzepten, die in Raum und Zeit deutlich eingegrenzt sind. Das Innovationsmanagement muss darüber hinaus auch Prozesse beherrschbar machen, die die Eigenschaften systematischer Forschung und Entwicklung nicht aufweisen.
- Forschungs- und Entwicklungsprozesse können leichter institutionalisiert und besser organisiert werden als Innovationsprozesse. Dies liegt u. a. daran, dass die Grundlagen der Prozesse in der Forschung und Entwicklung besser bekannt sind als die im Innovationsmanagement. Darüber hinaus muss das Innovationsmanagement Prozesse meistern, die einmalig und unwiederholbar auftreten, bei denen keine Spezialisierung möglich oder sinnvoll ist, für die also eine formale Institutionalisierung nicht wirtschaftlich ist.

Die Autoren definieren danach Forschungs- und Entwicklungsprozesse als einen Teilbereich des Innovationsmanagements eines Unternehmens.

Wie in Abschn. 2.1.3 dargestellt, umfasst das Innovationsmanagement im Unternehmen nach Vahs und Brem (2015, S. 28) alle Planungs-, Entscheidungs-, Organisations- und Kontrollaufgaben im Hinblick auf Generierung und Umsetzung neuer Ideen in marktfähige Leistungen. Dabei ist das Management von Forschungs- und Entwicklungsaktivitäten ebenso Teil des Innovationsmanagements wie das Technologiemanagement (2015, S. 27). Für die Autoren umfasst das Innovationsmanagement alle Aktivitäten des Wertschöpfungsprozesses bis hin zur Steuerung des Marktzyklus eines neuen Produktes. Ebenso dazu gehören die unterstützenden Funktionen und Prozesse, wie z. B. Personalmanagement, Organisation, Rechnungswesen sowie Finanzierung.

Nach Vahs und Brem (2015, S. 28) beinhaltet das strategische Innovationsmanagement die Analyse der Unternehmensumwelt, die Definitionen der Innovationsziele, die Festlegung der Innovationsstrategie und des strategischen F+E-Projektprogramms sowie die Technologie- und Technikbereitstellung. Das operative Innovationsmanagement beinhaltet die kurz- und mittelfristige Gestaltung und Steuerung der geplanten und laufenden Innovationsaktivitäten. Hierzu gehören besonders die Durchführung des Innovationsprozesses und das Management der Innovationsprojekte.

Da sich Innovationsprozesse durch eine deutlich höhere Unsicherheit und Komplexität von Routineprozessen unterscheiden, stellen sie sehr hohe Anforderungen an die fachliche, methodische und soziale Kompetenz des verantwortlichen Managements. Die mit Innovationen verbundenen Risiken treten vor allem in Form von Kosten auf, die schwer kalkulierbar sind und denen nur schwer einzuschätzende Erträge gegenüberstehen. Aus diesem Grund ist eine innovationsorientierte Führung durch das Topmanagement für den Erfolg über die verschiedenen Hierarchieebenen hinweg essentiell.

Eine innovationsorientierte Unternehmensführung fordert von allen Führungskräften ein hohes Problemverständnis, strategisches und prozess- sowie netzwerkorientiertes Denken und eine gute Kommunikationsfähigkeit (Müller-Pröthmann und Dörr 2014, S. 20–21). Die Führungskräfte müssen besonders:

1. Strategisches Wissen zur Einbindung der Innovationen besitzen, wichtige Aspekte hierbei sind Ziele, Restriktionen und Planungen
2. Spezifisches Wissen über Personen besitzen, die für Innovationen im Unternehmen besonders relevant sind (Fähigkeiten)
3. Wissen über Netzwerke zur Förderung und Unterstützung von Innovationen besitzen und speziell mögliche Kooperationspartner kennen (Müller-Pröthmann und Dörr 2014, S. 21)

2.2.3 Warum ist die Position der Innovationsmanagerin wichtig?

In dem Innovationsprozess nimmt der Innovationsmanager eine wichtige Rolle ein. Seine Position kann sich innerhalb der Unternehmenshierarchie an verschiedenen Stellen befinden. Möglicherweise wird eine zentrale Stabsstelle für Innovationen direkt bei der Geschäftsleitung angesiedelt. In anderen Unternehmen werden dezentrale Stellen geschaffen oder Wiki-ähnliche Organisationsmodelle genutzt. Dabei kommt der Innovationsmanagerin die Aufgabe zu, Beschäftigte und Unternehmensleitung miteinander zu verknüpfen und durch interne Kommunikation den Innovationsprozess zu unterstützen. Folgende Aufgaben beinhaltet die Position des Innovationsmanagers nach Müller-Pröthmann und Dörr (2014, S. 23):

- Unternehmensstrategie und -ziele in die Innovationsstrategie des Unternehmens zu übertragen
- (Stretch-)Ziele zur langfristigen Kontrolle des Innovationsprozesses zu definieren
- Innovationspotenziale des Unternehmens zu erkennen
- Finden, Zusammenstellen und Führen des Innovationsteams
- Beschäftigte zur aktiven Teilnahme im Innovationsprozess zu motivieren
- Mit der Unternehmensleitung verbindliche Zusagen und Verantwortlichkeiten vereinbaren
- Unternehmen im Zusammenhang mit Innovationen nach innen und außen vertreten und Innovationsthemen kommunizieren
- Konflikte erkennen und lösen – hierzu zählt auch die Überwindung von Widerständen gegenüber Innovationen im Unternehmen oder in dessen Umfeld

Die Innovationsmanagerin ist in der Praxis auch dafür verantwortlich, die einzelnen Stufen im Innovationsmanagement, also den bzw. die Innovationsprozesse und die dazugehörigen Innovationsprojekte zu steuern und zu kontrollieren. Zu ihren Aufgaben zählt weiterhin die Kommunikation nach innen und nach außen, um sowohl die Beschäftigten als auch die externen Zielgruppen permanent über den Innovationsprozess zu informieren.

Hierzu sollte der Innovationsmanager über möglichst viele der folgenden Eigenschaften verfügen (Müller-Pröthmann und Dörr, 2014, S. 24):

1. Glaubwürdigkeit
2. Offenheit für neue Themen und Entwicklungen

3. Hohe Eigenmotivation und Begeisterungsfähigkeit für neue Ideen, Zusammenhänge und Vorschläge aus dem Unternehmen, aber auch von außen
4. Analytisches Denkvermögen
5. Zuverlässigkeit
6. Willen, Verantwortung zu übernehmen
7. Akzeptanz bei allen beteiligten Parteien innerhalb sowie außerhalb des Unternehmens

Darüber hinaus ist es nach den Autoren notwendig, dass die Informationsmanagerin möglichst mittel- bis langfristig im Unternehmen bleibt, um den Erfolg ihrer Arbeit sicher zu stellen, Innovationsprozesse von Anfang bis Ende begleiten zu können und sich durch eine kontinuierliche Arbeit das Vertrauen der beteiligten Parteien erarbeiten zu können. Sie sollte den Beschäftigten als Vorbild fungieren und über einen gewissen Weitblick die Unternehmensentwicklung betreffend verfügen.

Auch ein grundlegendes Verständnis der Geschäftsprozesse sollte der Informationsmanager mitbringen, da Innovationsmanagement nur in der Verzahnung mit Unternehmenszweck und den verschiedenen Abteilungen erfolgreich verlaufen kann. Deshalb sollte der Innovationsmanager von der Unternehmensleitung unterstützt und gefördert werden. Da Innovationen nur im Zusammenspiel von vielen Akteurinnen und Akteuren entstehen, sind Innovationsteams in der Praxis hilfreich. Ihre Leitung und die Zusammenführung der Arbeit von den verschiedenen Innovationsteams obliegt der Innovationsmanagerin. Eine weitere Aufgabe für diese Position ist die Durchführung des Innovationscontrollings – hierzu siehe Abschn. 2.2.4.

2.2.4 Ziele und Ablauf des Innovationsmanagements im Unternehmen

Für Müller-Pröthmann und Dörr (2014, S. 11) lässt sich das ganzheitliche Innovationsmanagement nach Gassmann (2008) in drei Ebenen unterteilen:

1. Normative Ebene: Hier werden Vision, Mission, Werte und Leitbilder verortet
2. Strategische Ebene: Hierzu zählen die Autoren Ressourcen, Technologien, Wissen und Kompetenzen der Beschäftigten, Märkte, Kunden, Lieferanten, Kooperationspartner sowie Wettbewerber
3. Operative Ebene: Diese umfasst Gestaltung und Führung des Innovationsprozesses, Leistung, Qualität, Kosten und Zeit

Damit kann Innovationsmanagement als Querschnittsfunktion im Unternehmen betrachtet werden. Zu seinen Zielen und Aufgaben gehören:

- Erfassung sowie Bewertung innovativer Entwicklungen innerhalb und außerhalb des Unternehmens
- Aufbau sowie Pflege des unternehmensinternen Innovationspotentials

- Beschaffung von unternehmensexternen Innovationen sowie deren Umsetzung im Unternehmen (wichtig: Wissenstransfer)
- Definition der Bedeutung von Innovationen für die Unternehmensentwicklung und Auswahl der Innovationsfelder (Innovationsstrategie) zusammen mit der Geschäftsleitung
- Mitwirken an der Festlegung der Ressourcenverteilung für die ausgewählten Innovationsfelder
- Planung, Steuerung, Durchführung sowie Kontrolle von Innovationsaktivitäten des Unternehmens
- Festlegung der zeitlichen Strategie für den Markteintritt von Innovationen oder deren Einsatz im Unternehmen
- Planung und Realisierung von Schutzmöglichkeiten für innovative Entwicklungen vor dem Zugriff Dritter sowie die Vergabe von Nutzungsrechten durch Dritte (Patente, Lizensierung) (Müller-Pröthmann und Dörr 2014, S. 11–12, vgl. Corsten et al. 2006)

Ziel muss es dabei immer sein, durch die professionelle Gestaltung Risiken zu minimieren und den Erfolg des Innovationsmanagements zu gewährleisten, also eine Produkt-, eine Verfahrens- oder eine Dienstleistungsinnovation zu entwickeln, die zukünftig dem Wertschöpfungsprozess des Unternehmens zugutekommt.

Innovationsmanagement kann nur gelingen, wenn eine von der Unternehmensstrategie abgeleitete Innovationsstrategie erarbeitet und umgesetzt wird. Diese sollte alle strategischen Aussagen für die Generierung von Innovationen enthalten – hier sollten also Entwicklung, Umsetzung und Vermarktung neuer Produkte, Dienstleistungen oder Verfahren enthalten sein. Aus der Perspektive der Treiber von Innovationen unterscheiden Müller-Pröthmann und Dörr (2014, S. 14) zwei Innovationsstrategien:

1. (Science/Technology) Push-Strategie: Bei dieser Strategie kommt der Antrieb zur Innovation aus der Entwicklung von neuem Wissen bzw. von neuen Technologien – also primär aus dem F+E-Bereich. Der Treiber ist hierbei der Anbieter, der für die geschaffenen Innovationen zunächst einen Anwendungsbereich oder einen neuen Markt finden bzw. schaffen muss
2. (Market) Pull-Strategie: Bei dieser Strategie kommt der Antrieb aus dem Markt heraus. Die Kundenbedürfnisse initiieren die Innovation, damit ihre Bedürfnisse durch ein neues Produkt befriedigt werden können. Hierbei ist der Markt vorhanden, das neue Produkt muss anhand der Kundenbedürfnisse entwickelt werden.

Eine weitere Art der Unterscheidung von Innovationsstrategien ist der Zeitpunkt der Markteinführung (Timing) (Müller-Pröthmann und Dörr 2014, S. 14, vgl. Corsten et al. 2006):

1. Pionierstrategie („First to Market"): Bei dieser Strategie werden Innovationen vor Wettbewerbern wirksam auf dem Markt durchgesetzt. So wird ein temporäres Quasimonopol geschaffen. Allerdings ist diese Strategie mit hohen Markterschließungskosten verbunden und birgt daher ein hohes unternehmerisches Risiko.

2.2 Baustein 2: Innovationsmanagement im Unternehmen

2. Folgestrategie („Follow the Leader", „Second to Market"): Nutzer dieser Strategie überlassen einem Konkurrenten die hohen Markterschließungskosten und treten die direkte technologische Nachfolge des Pioniers an. In vielen Fällen treten Unternehmen, die dieser Strategie folgen, mit einer anwendungsorientierten Weiterentwicklung der bereits eingeführten Innovation an. Diese Strategie wird auch Imitationsstrategie genannt. Hierbei lassen sich noch die frühen und die späten Folger unterscheiden.

Chancen und Risiken der unterschiedlichen Strategien werden in Tab. 2.4 zusammengefasst.

Die Wahl der Innovationsstrategie ist von der vorhandenen Unternehmensstrategie abhängig. Außerdem spielt die Wettbewerbssituation bei der Entscheidung eine große Rolle. Auch die Kernkompetenzen des Unternehmens sowie seine Technologie und Ressourcen wirken sich stark auf die Wahl der Innovationsstrategie aus. Die Durchlaufzeit von Innovationsprojekten, vorhandene Kundenbeziehungen sowie F+E-Partnerschaften sollten ebenso in die Entscheidung einbezogen werden (Müller-Pröthmann und Dörr 2014, S. 17).

Wurde im Unternehmen eine Innovationsstrategie ausgewählt, wird der Innovationsprozess in Gang gesetzt. Dieser hat nach Vahs und Brem (2015, S. 229) die konkrete Aufgabe, eine Idee mit den momentan verfügbaren Ressourcen zeitgerecht in ein marktfähiges Produkt bzw. eine marktfähige Dienstleistung umzusetzen. Dabei sollte der Innovationsprozess alle notwendigen Schritte von der Ideengenerierung bis hin zur Markteinführung einbeziehen, die notwendigen Prozessaufgaben strukturiert abwickeln, sowie Prozessverantwortung und Prozesskompetenzen regeln.

Der in Abb. 2.5 von Vahs und Brem dargestellte idealisierte Innovationsprozess beginnt mit einer Situationsanalyse, in der das Unternehmen sein Umfeld und die möglichen Entwicklungstendenzen sowohl auf Seiten der Kundinnen und Kunden als auch auf Seiten des Wettbewerbs und weiterer Stakeholder permanent analysiert. Damit orientiert sich das Unternehmen an Markt und Umfeld und kann Chancen und Risiken durch Veränderungen in diesen Bereichen erkennen. Die Ergebnisse dieser Analysen lassen zu, mögliche Probleme durch Veränderungen der Kundenbedürfnisse oder der Marktsituation zu identifizieren und prospektiv daraus passende Lösungen zu erarbeiten. Wenn in der Situationsanalyse ein deutlicher Unterschied zwischen dem ermittelten Istzustand und einem vorher in der Unternehmensstrategie festgelegten Sollzustand erkennbar wird, folgt die Suche nach einer Produkt-, Verfahrens- oder Dienstleistungsinnovation – der Innovationsanstoß.

Nach Hartschen et al. (2015, S. 15 ff.) ist die SWOT-Analyse ein klassisches und einfaches Managementinstrument für die Situationsanalyse. SWOT steht dabei für Strength (Stärken), Weaknesses (Schwächen), Opportunities (Chancen) und Threats (Gefahren). Mit der SWOT-Analyse lassen sich also die Stärken und Schwächen des Unternehmens (interne Aspekte) sowie die Chancen und Gefahren im und aus dem Umfeld des Unternehmens (externe Aspekte) beschreiben. Im Folgenden zeigen die Autoren (S. 18) ein Beispiel für eine SWOT-Analyse für ein kleines und mittelständiges Unternehmen (KMU, siehe Tab. 2.5).

Nach Vahs und Brem (2015, S. 231) lässt sich ein erkanntes Problem, das aus einer Ist-Soll-Abweichung erfolgt und für das es gilt, eine Lösung zu erarbeiten, als Ausgangspunkt

Tab. 2.4 Chancen und Risiken unterschiedlicher Markteintrittszeitpunkte (Quelle: Müller-Pröthmann und Dörr 2014, S. 16, nach Corsten et al. 2006)

	Pionier	Frühe Folger	Späte Folger
Chancen	Erfahrungskurveneffekte Frühzeitige Erlangung von Markt-Know-how Imagevorteile Etablierung eines Standards Spielraum für den Einsatz von Marketinginstrumenten Aufbau von Markentreue Erhöhung weiterer Markteintrittsbarrieren	Abgeschwächte „Pioniervorteile" Nutzung von Markterschließungsmaßnahmen des Pioniers Geringere Unsicherheit hinsichtlich Markt- und Technologieentwicklung Ausnutzen fehlerhafter Pionierpositionierung	Hohe Transparenz (Markt- und Technologiesituation) Ausrichtung des Wettbewerbsverhaltens an der Konkurrenz und Ausnutzung von Schwachstellen Partizipation an Investitionen von Pionier und frühen Folgern (z. B. Marktschließung, F + E)
Risiken	Hohe Unsicherheit (ökonomische, technische Entwicklungen) Geringe Erfahrung mit der Technologie Hohe Markterschließungskosten Markterschließung kommt auch Folgern zugute Unausgereiftes Produkt (Imagenachteile) Risiko der richtigen Bedarfsschätzung	Keine Nutzung von Monopolisierungs-vorteilen Pionier hat eventuell bereits Industriestandard etabliert Pionier hat Markteintrittsbarrieren aufgebaut Produktbezogene Imagenachteile	Nur geringes Marktpotenzial durch späten Markteintritt Hohe Markteintrittsbarrieren Präferenzen der Abnehmer für Pionier oder frühen Folger Marketinginstrumentarium kann nur reaktiv eingesetzt werden Verkürzter Marktpräsenzzeitraum

(Quelle: Müller-Pröthmann und Dörr 2014, S. 16, nach Corsten et al. 2006)

2.2 Baustein 2: Innovationsmanagement im Unternehmen

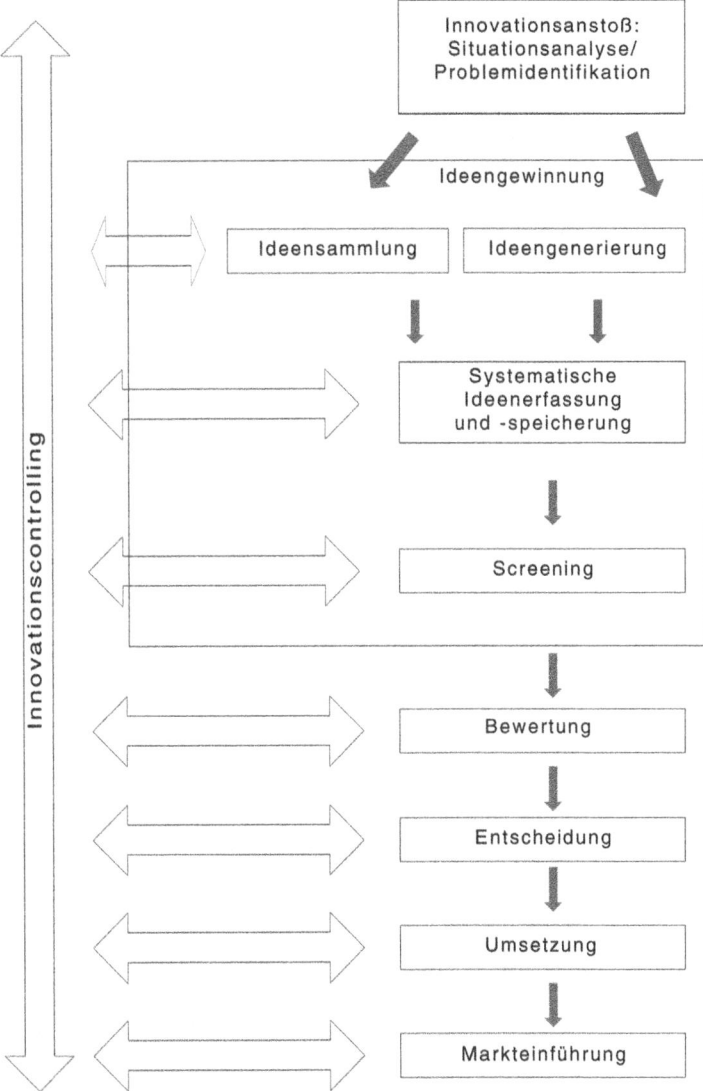

Abb. 2.5 Grundschema eines idealisierten Innovationsprozesses (Quelle: Vahs und Brem 2015, S. 230)

eines jeden zielgerichteten Innovationsprozesses bezeichnen. In der Praxis können solche identifizierten Probleme die in der Theorie getrennten Innovationsarten (siehe Abschn. 2.2.1) kombinieren, d. h. Produkt- und Prozessinnovation werden beispielsweise gemeinsam entwickelt. Weiterhin ergibt sich häufig aus einer Prozessinnovation die Möglichkeit für eine Produktinnovation.

Wurde durch die Situationsanalyse ein Problem identifiziert, für das nun eine Lösung erarbeitet werden soll, lassen sich Ideen durch die Ideensammlung und die Ideengenerierung gewinnen. Bei der Ideensammlung werden aus unterschiedlichen Bereichen bereits

Tab. 2.5 SWOT eines KMU

Stärken (Strength)	Chancen (Opportunities)
• Wir können als kleineres Unternehmen schnell auf Marktveränderungen reagieren. • Unsere Produkte haben eine sehr hohe Qualität, die vom Markt wahrgenommen wird. • Unsere Administration ist schlank und dadurch kostengünstig. • Wir haben wegen der momentan niedrigen Auftragslage Kapazität frei und daher Zeit, uns um unsere Kunden zu kümmern.	• Unser Zielmarkt wächst, die Verbrauchergewohnheiten wandeln sich in Richtung unseres Portfolios. • Unser Hauptkunde arbeitet gerne mit kleineren Unternehmen zusammen. • Wir haben im Moment mehrere Innovationsprojekte in der Pipeline.
Schwächen (Weaknesses)	Gefahren (Threats)
• Wir sind im Markt immer noch wenig bekannt • Unser Management ist dünn besetzt, das Unternehmen ist daher sehr anfällig gegen Krankheit und Abwesenheit des Managements • Die nächste Finanzierungsrunde ist noch nicht gesichert	• Werden wir den technologischen Fortschritt mitmachen können, der erforderlich ist, um die Änderungen der Verbrauchergewohnheiten zu berücksichtigen? • Wir werden vom Konkurrenten aufgekauft

Quelle: Hartschen et al. (2015, S. 18)

bestehende Ideen gesammelt. Hierzu können Lieferanten, Kundinnen, Beschäftigte und Wettbewerber einbezogen werden. Bei der Ideengenerierung werden durch verschiedene Kreativitätstechniken neue Lösungsansätze erstellt.

Brem und Brem (2013, S. 38) unterscheiden intuitiv-kreative Methoden (z. B. Brainstorming, Brainwriting, Techniken der intuitiven Konfrontation sowie Techniken der strukturierten Assoziation) und systematisch-analytische Methoden (z. B. morphologische Methoden, Fragetechniken und Visualisierungstechniken).

Hartschen et al. haben Quellen und Methoden der Ideengenerierung in der Tab. 2.6 zusammengefasst.

Nach Vahs und Brem (2015, S. 232) müssen die durch Ideensammlung und/oder Ideengenerierung gewonnenen Ideen nun systematisch erfasst und gespeichert werden. Hierdurch sollen eine gute Übersicht und Vergleichbarkeit der Ideen erzielt werden. Eine praktikable Ideendatenbank kann hier in der Praxis eine große Hilfe sein.

Anschließend werden die einzelnen Ideen beim Screening auf das zu lösende Problem und ihre Qualität hinsichtlich einer Problemlösung hin untersucht. Ideen, die für das aktuelle Problem als nicht zielführend klassifiziert werden, sollten in einer weiteren Ideendatenbank gespeichert werden – auf sie kann bei einer anderen Problemstellung wieder zurückgegriffen werden.

Nach dem Screening wird die Ideenbewertung durchgeführt. Dieser Prozess sollte Aufgabe des Managements sein, da die hier zu treffenden Entscheidungen erhebliche Auswirkungen auf das Unternehmen haben können. Fälschlicherweise abgewiesene Ideen können

Tab. 2.6 Quellen und Methoden der Ideengenerierung

	Intern	Extern
Ideen entwickeln	**Ideengenerierung** • Kreativitätstechniken	**Einbezug Dritter** • Kunden- und Expertenworkshops • Kundenbeobachtung • Open Innovation
Ideen sammeln	**Informationssysteme** • Vorschlagswesen, Ideenmanagement • Ideenwettbewerbe • Kundenreklamationen	**Marktbeobachtung und Benchmarking** • Konkurrenzanalysen • Marktforschung, Trendstudien • Referate, Kongresse, Seminare, Messen, Fachliteratur

(Quelle Hartschen et al. 2015, S. 25)

bei einer Weiterentwicklung ein hohes Wertschöpfungspotenzial beinhalten, ebenso können fälschlicherweise genutzte Ideen anschließend monetäre Einbußen mit sich bringen, weil die entwickelte Innovation nicht den gewünschten Erfolg erzielt. In der Praxis werden Bewertungsentscheidungen häufig von einem Gremium aus Fach- und Führungskräften getroffen. Die Mitglieder bringen die zu bewertenden Ideen mit einer bewährten Liste aus nachvollziehbaren Kriterien in eine Reihenfolge.

Hartschen et al. (2015, S. 50 f.) schlagen eine Bewertung der gesammelten Ideen in fünf Schritten vor:

Schritt 1: Gleiches zu Gleichem: Doppelnennungen gruppieren oder aussortieren

Schritt 2: Neuartig oder bekannt? Die Autoren empfehlen, Ideen mit hohem Neuigkeitswert (Radikalideen) separat darzustellen, da gerade sie ein hohes Potenzial enthalten.

Schritt 3: Dot-mocracy: Die Auswahl der besten Ideen geschieht mittels einer klassischen Punktebewertung – jeder Teilnehmer im Gremium kann eine vorher festgelegte Anzahl von Klebepunkten auf die zu bewertenden Ideen verteilen.

Schritt 4: Aufteilung in drei Gruppen: Die in Schritt 3 mit Punkten bewerteten Ideen werden in drei Gruppen eingeteilt:
  – *TOP*: Ideen mit drei und mehr Punkten → diese Ideen werden verfeinert und dokumentiert (ca. 5–15 % aller gefundenen Ideen)
  – *OK*: Ideen mit ein oder zwei Punkten → diese Ideenansätze können je nach Bedarf mit anderen Ideen kombiniert oder für spätere Zwecke aufbewahrt werden (ca. 30–40 % aller Ideen)
  – *OUT*: Ideen ohne Punkte → werden meistens nicht weiter betrachtet (über 50–60 % aller Ideen)

Schritt 5: Ideen ausformulieren: Die TOP-Ideen werden ausformuliert. An dieser Stelle wird meistens deutlich, ob sich eine Idee tatsächlich umsetzen lässt.

In Zeiten der Online-Medien werden Communities von Nutzenden mit in die Entscheidung einbezogen (Vahs und Brem 2015, S. 233). Ein Beispiel hierfür ist das Projektfeld „User Driven Innovation (UDI)" der Telekom Innovation Laboratories (T-Labs) (Telekom

Innovation Laboratories 2016). Hier arbeitet ein multidisziplinäres Team aus Betriebswirten, Psychologen, Designern und Sozialwissenschaftlern mit eigens zusammengestellten qualitativen und quantitativen Forschungsmethoden wie z. B. der ethnografischen Feldforschung, User Clinics und agilen User-Experience-Evaluationsmethoden an der marktorientierten Generierung und Bewertung innovativer Ideen. Konzepte sollen kundennah ausgestaltet und umgesetzt, entsprechende Geschäftsmodelle entwickelt und die Ergebnisse in die Geschäftsfelder der Deutschen Telekom AG transferiert werden. In den T-Labs werden dazu das Alltagswissen der Kunden, die Expertise der Projektbeteiligten und das Know-how von internen und externen Experten genutzt. Die Rekrutierung der Kunden und Testpersonen erfolgt dabei über ein dafür geschaffenes Innovationsforum.

Nach dem geschilderten Bewertungsprozess erfolgt nun die Entscheidung darüber, welche Idee(n) weiterverfolgt werden. Nach Vahs und Brem (2015, S. 233) sollte diese Entscheidung von anderen Personen als die Ideenbewertung getroffen werden. In der Praxis entscheidet in vielen Fällen das Top-Management, da dieses auch die Verantwortung für den wirtschaftlichen Erfolg bzw. Misserfolg dieser Entscheidung trägt. Damit wird deutlich, dass die systematische Innovationspolitik in einem Unternehmen eine zentrale Führungsaufgabe ist.

Ist die Entscheidung für eine Idee gefallen, beginnt der Prozess der Umsetzung. Die Autoren unterscheiden hierbei zwischen einer Alternative, die in der Realisierung mit einem relativ großen Ressourcenaufwand verbunden ist und bei der ein hoher Neuigkeitsgrad vorliegt und einer Idee, deren Umsetzung sich in Routine integrieren lässt. Im ersten Fall ist die Verwirklichung im Rahmen eines Projektes angebracht, im zweiten Beispiel kommt die Umsetzung ohne eine eigenständige Innovationsstruktur aus.

Hartschen et al. (2015, S. 65 ff.) schlagen für die Umsetzungsvorbereitung ein Grobkonzept in Form eines Innovationssteckbriefes vor. Dieser Steckbrief fasst die ganzheitliche Sichtweise des Innovationsteams zusammen und soll sowohl die positiven als auch die negativen Aspekte des Projektes berücksichtigen. Die im Steckbrief erarbeiteten Ergebnisse zu Attraktivität und Risiko der Idee sind Voraussetzung dafür, dass

- die Steckbriefe je nach Innovationsart unterschiedlich betrachtet werden. Demnach werden Routineinnovationen nur mit Routineinnovationen und Radikalinnovationen nur mit Radikalinnovationen verglichen
- pro Wirkungsbereich ein separates Portfolio erstellt bzw. mit unterschiedlichen Farben innerhalb eines Portfolios gearbeitet wird. Dies können verschiedene Farben für Produkte, Prozesse oder Geschäftsmodelle sein
- aus der Positionierung Schritte für das weitere Vorgehen abgeleitet werden

In der Tab. 2.7 wird der Inhalt eines beispielhaften Steckbriefes vorgestellt.

Nach der Umsetzung erfolgt nach dem Grundschema des idealisierten Innovationsprozesses von Vahs und Brem die Markteinführung, d. h. das Produkt wird dem Kunden verfügbar gemacht. Damit beginnt der Marktzyklus und die Invention wird zur Innovation (siehe Kapitel Abschn. 2.1.1). Bereits im Vorfeld der Markteinführung müssen die Instrumente des

2.2 Baustein 2: Innovationsmanagement im Unternehmen

Tab. 2.7 Mögliche Kernfragen eines Innovationssteckbriefs

1. Beschreibung der Innovation und Ideenquelle - Was sind die Hauptfunktionen und die Wirkung der Innovationen? - Worin liegt der innovative Aspekt?	7. Patent-/Technologie-Check - Wie sieht der Reifegrad der eingesetzten Technologien aus? - Wie ist der Technologiezugang sichergestellt? - Welche Potenziale und Risiken besitzen die Technologien? - Wie sieht die Schutzsituation aus (Patente)?
2. Marktpotenzial - Welches sind die Zielmärkte, Marktsegmente und wie groß sind diese? - Welches Marktpotenzial besteht? - Woraus besteht das Differenzierungspotenzial? - Wie sieht der Absatzprozess aus? - Ist die Innovation im Markt umsetzbar? - Was sind Aspekte für die Kaufmotivation der Kunden? - Sind gewisse Kundengruppen erkennbar?	8. Partner-Check - Welche Partner sind für eine Konzeption und Umsetzung sinnvoll? - Welche Form der Partnerschaft eignet sich?
3. Wettbewerbssituation - Was sind die Konsequenzen bei der Nichtrealisierung? - Ist damit die Wettbewerbsposition ausbaubar? - Wie groß ist die Wettbewerbsintensität? - Welche internen Marktvorbereitungen sind notwendig?	9. Strategie-Fit/Realisierungskonzept - Wie unterstützt die Innovation die Unternehmensstrategie? - Wie sieht der Produktlebenszyklus aus? - Wie passt die Leistung in das Produktsortiment?
4. Geschäftsmodell - Wie sieht das Geschäftsmodell aus? - Welche Erfahrungen bestehen mit dem Geschäftsmodell? - Was sind die Erfolgsfaktoren?	10. Wirtschaftlichkeit - Wie sieht die Wirtschaftlichkeitsentwicklung aus? - Welche Investitionen sind in etwa notwendig?
5. Standards/Gesetze/Richtlinien - Welche Vorgaben sind zu erfüllen? - Welche Erfahrungen haben wir darin?	11. Beilagen - Beschreibungen, Berechnungen, Skizzen etc.
6. Produkt-/Dienstleistungs-Konzept - Wie lässt sich das Gesamtkonzept beschreiben? - Welche Besonderheiten besitzt das Konzept? - Wovon ist die erfolgreiche Umsetzung des Konzepts abhängig?	

(Quelle Hartschen et al. 2015, S. 67)

Marketing-Mix (besonders Preis- und Konditionenpolitik, Kommunikationspolitik, Distributionspolitik) aufeinander und auf die Unternehmensstrategie abgestimmt werden. Mit dem Markteintritt kommen diese Instrumente zum Einsatz.

Hartschen et al. (2015, S. 142) fassen die Leistungen, die vor Markteintritt der Innovation vorbereitet sein sollen, wie folgt zusammen:

- Planung der Anzeigenschaltung
- Broschüren erstellen (Print- und Onlinemedien)
- Ergänzungen der Webseite
- Newsletter
- Messevorbereitungen
- Verkaufswettbewerbe
- Pressemappen und Pressemeldungen
- Übersicht der Wettbewerber für Verkäufer
- Demogeräte, Demos auf CD oder auf USB-Sticks
- Präsentationssimulationen
- Referenzlisten
- Umgang mit Schlüsselkunden
- Planung und Abstimmung von Kundenbesuchen
- Hausmessen

Alle beschriebenen Phasen des Innovationsprozesses werden von einem funktionierenden Controlling-System begleitet. Nur so wird nach Vahs und Brem (2015, S. 234) eine zentrale Planung, Steuerung, Koordination und Kontrolle der Aktivitäten des Innovationsprozesses im Hinblick auf ihre systematische und zielorientierte Durchführung gewährleistet. Bereits in dem in Abschn. 2.1.4 dargestellten Stage-Gate-Modell nach Cooper wird die kontinuierliche Überprüfung der einzelnen Prozessschritte dargestellt.

Resümee

Innovationen werden in der wissenschaftlichen Literatur nach verschiedenen Kriterien unterschieden. Am häufigsten finden sich die Unterscheidungen in Produkt- und Prozessinnovationen, in soziale und organisatorische Innovationen sowie in Marketing- und Geschäftsmodellinnovationen. Innovationsmanagement im Unternehmen umfasst nach Vahs und Brem (2015, S. 28) alle Planungs-, Entscheidungs-, Organisations- und Kontrollaufgaben im Hinblick auf Generierung und Umsetzung neuer Ideen in marktfähige Leistungen. Um diesen Prozess professionell zu managen, ist die Rolle eines Innovationsmanagers im Unternehmen wichtig, der in der Praxis dafür verantwortlich ist, die einzelnen Stufen im Innovationmanagement, also den bzw. die Innovationsprozesse und die dazugehörigen Innovationsprojekte zu steuern und zu kontrollieren. Vor dem Durchlaufen des eigentlichen Innovationsprozesses muss ein Unternehmen zunächst seine Innovationsstrategie bestimmen – hier werden grundsätzlich die Push- bzw. die Pullstrategie sowie die Pionier- vs. der Folgestrategie unterschieden. Ist die Innovationsstrategie ausgewählt, beginnt der Innovationsprozess mit der Situationsanalyse und endet mit der Markteinführung des neuen Produktes bzw. der neuen Dienstleistung.

Kontroll- und Lernfragen

a. Unterscheiden Sie die Arten von Innovationen und finden Sie für jede Art ein Praxisbeispiel.
b. Warum ist die Rolle der Innovationsmanagerin im Unternehmen so wichtig – welche Risiken treten in der Praxis auf, wenn diese Position nicht besetzt ist?
c. Erläutern Sie mehrere Ihnen bekannte Innovationsstrategien und diskutieren Sie die jeweiligen Vor- und Nachteile der einzelnen Strategie.
d. Erklären Sie den idealisierten Innovationsprozess nach Vahs und Brem anhand eines selbst gewählten Beispiels.

2.3 Baustein 3: Erfolgsfaktoren im Innovationsmanagement

Lernziele
Im folgenden Kapitel geht es zunächst darum, zu definieren, was eine Innovationskultur ist und wie diese mit der Unternehmenskultur zusammenhängt. Anschließend werden die Erfolgsfaktoren im Innovationsmanagement erklärt und anhand einer Checkliste zur Realisierung verdeutlicht. Danach werden mögliche Faktoren für einen Misserfolg im Innovationsmanagement aufgezeigt und Instrumente für das Innovationscontrolling vorgestellt.

2.3.1 Was ist eine Innovationskultur?

Nach Müller-Pröthmann und Dörr (2014, S. 17 f.) ist die Innovationskultur eng mit der gesamten Unternehmenskultur verbunden. Unter Unternehmenskultur verstehen die Autoren nach Corsten et al. (2006) die Gesamtheit unternehmungsbezogener Werte und Normen, die das Verhalten der Beschäftigten prägen.

Für Vahs und Brem (2015, S. 193) hat die Unternehmenskultur die Aufgabe, einen Orientierungs- und Handlungsrahmen vorzugeben, in dem die Generierung und die Verwirklichung von neuartigen Ideen problemlos möglich ist.

Nach Schein (1984, S. 3ff.) setzt sich die Unternehmenskultur aus drei Ebenen der Sichtbarkeit kultureller Phänomene zusammen:

1. Oberste Ebene der Artefakte: Hierzu gehören Sprache, Rituale, Uniformen, Umgangsformen, aber auch Beschäftigtenausweise mit einem Logo. Die Artefakte sind sichtbar, bedürfen aber einer Interpretation.
2. Mittlere Ebene der Normen und Werte: Dazu gehören Verhaltensrichtlinien, Verbote und Ideologien. Sie sind teilweise sichtbar und werden teilweise unbewusst reproduziert.

3. Untere Ebene der Grundannahmen: Hier subsumiert Schein grundlegende Überzeugungen, Annahmen zum Wesen des Menschen, zu menschlichen Beziehungen und zu menschlichen Handlungen. Diese Grundannahmen sind unsichtbar und werden meist unbewusst reproduziert. Gerade in älteren Unternehmen haben sie sich meistens über viele Jahre entwickelt und werden von den Beschäftigten als selbstverständlich und nicht hinterfragbar angenommen. Für Schein bilden diese Grundannahmen den Kulturkern, der die beiden oberen Ebenen der Unternehmenskultur beeinflusst.

Für Vahs und Brem (2015, S. 199) ist jede Unternehmenskultur durch charakteristische Merkmale und unterschiedliche Ausdrucksformen gekennzeichnet. Beispiele hierfür sind

- die interne Kommunikation
- der Umgang mit Konflikten, Kritik und Fehlern
- dem Verhalten gegenüber Kunden und anderen Stakeholdern
- die gängige Art, wie Meetings gestaltet werden

Viele Unternehmen haben bereits eine Vision formuliert und ein Leitbild entwickelt, in dem die gelebten Normen, Symbole, Legenden und Rituale festgehalten werden und das den Beschäftigten sowie den externen Stakeholdern die Wert- und Glaubensvorstellungen des Unternehmens vermitteln und nach innen diese stabilisieren sollen. Dabei geben nach Vahs und Brem (2015) die formalen Normen und Verhaltensstandards in Unternehmen an, welche Denk- und Verhaltensweisen (Normen, Wertvorstellungen) von den Beschäftigten erwartet werden. In vielen Unternehmen herrscht eine einheitliche Meinung darüber vor, was als „gut" und „schlecht" angesehen wird. Diese Ansichten schlagen sich bei der Gestaltung von Betriebsfeiern und Meetings nieder und bewirken häufig einen rituellen Ablauf mit immer wiederkehrenden Mustern.

Vahs und Brem (2015, S. 202) fassen drei originäre Funktionen der Unternehmenskultur im Hinblick auf Innovationen zusammen:

1. Koordinationsfunktion: Hiermit ist die Abstimmung von Einzelaktivitäten im Hinblick auf ein übergeordnetes Gesamtziel des Unternehmens gemeint. Je größer ein Unternehmen ist und je mehr hierarchische Ebenen es gibt, desto größer ist die Notwendigkeit der Koordination der einzelnen Interessen und individuellen Ziele der Beschäftigten. Besonders in komplexen Innovationsprozessen besteht ein hoher Koordinierungsbedarf. In dieser Situation wird nur ein strukturiertes Vorgehen zum Erfolg des Innovationsvorhabens beitragen.
2. Integrationsfunktion: Integration heißt an dieser Stelle das Verknüpfen einzelner Elemente zu einem großen Ganzen. Diese Funktion steht gerade im Innovationsprozess in engem Zusammenspiel mit der in 1. erklärten Koordinationsfunktion, da nur die Verknüpfung der am Innovationsprozess beteiligten Fachfunktionen (F+E, Marketing, Produktion etc.) auftretende Probleme lösen und den Gesamtprozess zum Erfolg führen wird.

3. Motivationsfunktion: Die Autoren verstehen unter Motivation an dieser Stelle „die Anregung einer Person zu einem bestimmten Verhalten". Innovationsprozesse fordern von allen Beteiligten ein hohes Maß an Arbeits- und Leistungsmotivation ab, um interne Widerstände zu überwinden und neue Ideen zur Marktreife zu entwickeln.

Dabei stellt die Innovationsbereitschaft einen eigenständigen Wert innerhalb der Unternehmenskultur dar und manifestiert sich in der Innovationskultur des Unternehmens. Für Müller-Pröthmann und Dörr stellen die in Tab. 2.8 dargestellten Aspekte wichtige Merkmale einer Innovationskultur dar.

Vahs und Brem (2015, S. 218) nennen als erstes Merkmal einer innovationsfördernden Unternehmenskultur das Vermeiden der Merkmale einer innovationsfeindlichen Unternehmenskultur (Hierarchie- und Revierdenken, Information-hiding, Kontrolle und Überwachung). Weiterhin nennen die Autoren einen hohen Stellenwert der Innovation im gelebten Wertesystem und die Sicherheit für die Beschäftigten als wichtige Merkmale. Eine im Unternehmen gelebte Beteiligungstradition und innovationsfördernde Arbeits-, Führungs- und Beteiligungskonzepte gehören ebenso dazu wie umfassende Aus- und Weiterbildungsmöglichkeiten für die Beschäftigten. Die Autoren subsumieren außerdem die Unterstützung von Champions durch das Bereitstellen von Informationen, eine zeitnahe und direkte Kommunikation, die Schaffung von Freiräumen und die Toleranz gegenüber Misserfolgen und Fehlschlägen sowie das Lernen aus Fehlern unter die Merkmale einer innovationsfördernden Unternehmenskultur.

Tab. 2.8 Merkmale einer Innovationskultur

Systemoffenheit	Offenheit im Hinblick auf die Unternehmensumwelt durch einen intensiven Informationsaustausch und eine permanente Dialogbereitschaft sowie Offenheit für neue Anregungen und Wandel
Freiraum	Beschäftigte bekommen Handlungsspielräume für die Entwicklung individueller Lösungsalternativen oder zur Ideenumsetzung auch über die eigentlichen Kompetenzbereiche hinaus
Offener Informations- und Kommunikationsstil	Die Informations- und Kommunikationskultur sowie deren Kanäle sind informal geprägt und auch über Organisationsgrenzen und Hierarchieebenen hinweg offen
Konfliktbewusstsein und Risikobereitschaft	Da aus Konflikten in vielen Fällen Kreativität entstehen kann und Innovationsprozesse häufig von Fehlschlägen begleitet werden, lässt das Unternehmen ein gewisses Maß an Konflikten zu und toleriert Misserfolge als Teile des Weges
Beschäftigtenförderung	Innovative Beschäftige werden durch eine entsprechende Aufgabenverteilung und Ressourcen unterstützt. Konfliktfähige und lösungsorientierte Beschäftigte werden rekrutiert

(Quelle: Müller-Pröthmann und Dörr 2014, S. 18 f.)

Hauschildt und Salomo (2011, S. 59 f.) betonen, wie wichtig die ganzheitliche Ausrichtung des Unternehmens auf Innovationen ist. Sie beschreiben ein ganzheitlich innovationsbewusstes Unternehmen als eines, in dem es die ständige Aufgabe jedes Beschäftigten ist, in seinem Teilbereich im Sinne des japanischen „Kaizen" kreativ neue Produkte und Verfahren zu suchen und sich für deren Realisierung einzusetzen. Dabei soll das gesamte Unternehmen auf Innovationen eingeschworen werden und kein Bereich davon ausgenommen werden – Innovationskultur par excellence.

2.3.2 Welche Erfolgsfaktoren spielen im Innovationsmanagement eine Rolle?

Um wichtige Erfolgsfaktoren im Innovationsmanagement zu definieren, muss zunächst festgelegt werden, was ein Erfolgsfaktor ist. Für Hauschildt und Salomo (2011, S. 31) sollen Innovationen langfristig den Gewinn des Unternehmens steigern. Aus diesem Grund sollen sie möglichst erfolgreich ablaufen, um ihr Ziel in einem möglichst hohen Maße zu erreichen. Demnach fragt die betriebswirtschaftliche Sichtweise nach den Ursachen des Innovationserfolgs für das Unternehmen. Diese Sichtweise unterscheidet sich deutlich von mehreren anderen Sichtweisen auf den Erfolg einer Innovation:

- die naturwissenschaftlich-technische Sichtweise stellt die technische Funktion der Innovation in den Vordergrund
- die sozialwissenschaftliche Sichtweise fragt nach den gesellschaftlichen Umständen, unter denen sich die Innovation entwickelt
- die politikwissenschaftliche Sichtweise stellt die Ziele und Gestaltungsmöglichkeiten eines politischen Einflusses der Innovation in den Vordergrund
- die volkswirtschaftliche Sichtweise untersucht die gesamtwirtschaftlichen Voraussetzungen und Wirkungen der Innovationsaktivität

Dabei stellen die Autoren fest, dass die bisherige Forschung zu Erfolgsfaktoren von Innovationsprozessen unter großen theoretischen und methodischen Defiziten leidet.

Vahs und Brem (2015, S. 69 ff.) unterteilen den Gesamtnutzen einer Innovation in drei Dimensionen:

1. Technische Dimension: Hierbei wird der technische Nutzen der Innovation mit passenden Messmethoden ermittelt (z. B. weniger Materialverbrauch, kürzere Durchlaufzeiten, Erfüllung vorher festgelegter Leistungsparameter). Auch der indirekte Nutzen einer Innovation wie der Lernerfolg, ein Know-how-Transfer oder die bessere Zusammenarbeit innerhalb der Arbeitsgruppe zählen zu dieser Dimension. Besonders Innovationen mit hohem Neuigkeitsgrad haben oft einen höheren indirekten Nutzen als direkte Effekte.
2. Ökonomische Dimension: Hier wird der unmittelbare wirtschaftliche Erfolg der Innovation gemessen, der mit der Innovation verbunden ist. Kennzahlen können Umsatz,

2.3 Baustein 3: Erfolgsfaktoren im Innovationsmanagement

Kosten, Deckungsbeitrag, Gewinn und Wirtschaftlichkeit sein. Auch indirekte wirtschaftliche Erfolge können genannt werden, wie z. B. größere Konkurrenzfähigkeit durch Patente und andere gewerbliche Schutzrecht als positive Auswirkung auf die Wettbewerbssituation. Diese indirekten Effekte lassen sich selten genau messen.

3. Individuelle/soziale Dimension: Auf der individuellen Ebene haben Innovationen auch positive Auswirkungen. Dazu gehören die wissenschaftliche Anerkennung der Innovatorinnen oder eine Auszeichnung der F+E-Abteilung des Unternehmens. Weitere Nutzenwirkungen können sich auf soziale und/oder ökologische Bereiche beziehen.

Die Autoren stellen vier Gruppen von Einflussgrößen auf den Innovationserfolg sowie deren Beziehung zueinander vor: innovationsspezifische, unternehmensinterne, unternehmensexterne und sonstige Erfolgsfaktoren (Abb. 2.6).

Am „House of Innovation" des Technologiekonzerns ThyssenKrupp werden fünf virtuelle Bausteine für erfolgreiche Innovationsprozesse dargestellt (Abb. 2.7).

Der erste Baustein beinhaltet die technologische Strategie sowie die inhaltliche Durchdringung – hierbei geht es um die Identifikation von relevanten Zukunftsthemen und um den Ausbau der Stärken des Unternehmens.

Der zweite Baustein enthält die Themen Bündelung, Vernetzung und Transparenz. Er macht deutlich, dass die Zusammenarbeit im Kompetenznetzwerk Innovation und

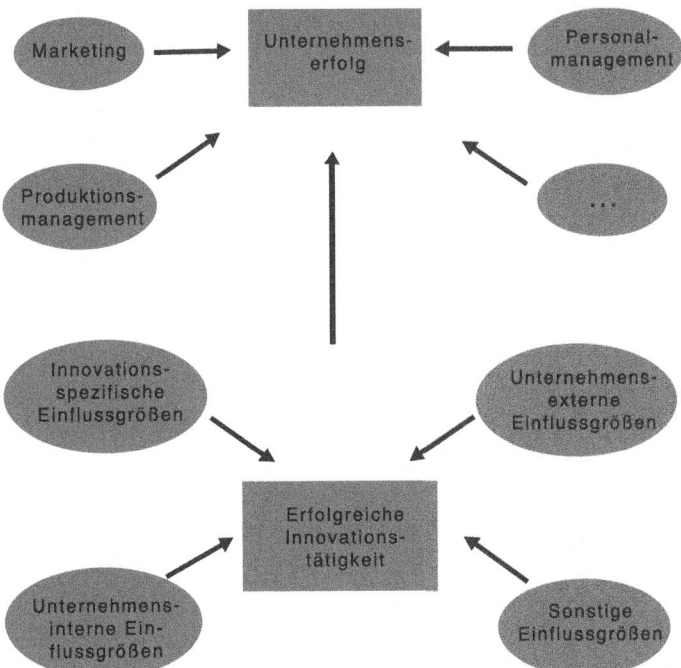

Abb. 2.6 Einflussfaktoren des Innovations- und Unternehmenserfolgs (Quelle: Vahs und Brem 2015, S. 73)

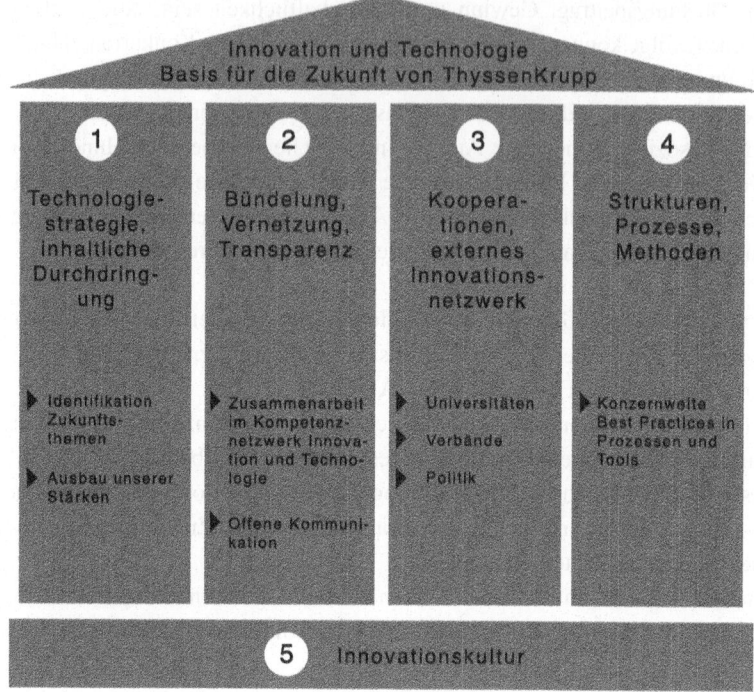

Abb. 2.7 House of Innovation der ThyssenKrupp AG (Quelle: Vahs und Brem 2015, S. 74)

Technologie und eine offene Kommunikation für den Erfolg der Innovationsprozesse eine große Rolle spielen.

Der dritte Baustein bezieht sich auf Kooperationen und das externe Innovationsnetzwerk. Zu diesem Bereich gehören Universitäten, Verbände und Politiker.

Im vierten Baustein werden Strukturen, Prozesse und Methoden behandelt. Eine konzernweite Sammlung von Best Practises in Prozessen und Tools gehört zu diesem Baustein.

Der fünfte Baustein und gleichzeitig die Basis des Hauses ist die Innovationskultur – diese Verortung macht deren Wichtigkeit für den gesamten Prozess und ihre Funktion für das House of Innovation deutlich.

In die erste Gruppe von Erfolgsfaktoren, den innovationsspezifischen Faktoren, subsummieren Vahs und Brem (2015, S. 73 ff.) folgende Faktoren:

- Relative Vorteilhaftigkeit der Innovation: Hierbei muss das neue Produkt gegenüber seinem Vorgängermodell bzw. einem Konkurrenzprodukt durch ein besseres Leistungsprofil überzeugen. Die komparativen Vorteile sollen objektiv nachvollziehbar sein, damit sie von potenziellen Nutzenden akzeptiert werden.
- Kompatibilität der Innovation: Darunter verstehen die Autoren die Übereinstimmung oder die Vereinbarung der Produktinnovation mit vorhandenen Verwendungsmöglichkeiten der potenziellen Nutzenden.

- Komplexität der Innovation: Diese bezeichnet den Grad der Vielfältigkeit und damit auch den Schwierigkeitsgrad der Innovation, mit denen ihre Nutzung für die Nutzenden verbunden ist. Hierbei ist davon auszugehen, dass eine hohe Komplexität möglicherweise eher Zurückhaltung der Nutzenden hervorruft und damit die Marktdurchdringung der Innovation negativ beeinflussen kann.
- Beobachtbarkeit bzw. Erprobbarkeit der Innovation: Möglichst frühzeitig sollen die potenziellen Nutzenden die Innovation beobachten bzw. erleben können. Hierdurch können sie die Vorteile der Innovation erkennen und im besten Fall selbst nachprüfen. Allerdings muss die Gefahr des Ideenklaus durch einen Konkurrenten mit bedacht und in die Zeitplanung einkalkuliert werden.
- Reifegrad der Innovation: Nur ein ausgereiftes, qualitativ hochwertiges Produkt garantiert eine erfolgreiche Einführung. Im Idealfall sollte dieses auch fehlerfrei sein.

Zu den unternehmensinternen Erfolgsfaktoren zählen Vahs und Brem (2015, 77 ff.):

- Alter des Unternehmens: Hierbei geht es nicht nur um die Zahl der Jahre, die das Unternehmen besteht, sondern auch um das Alter der jeweiligen Branche.
- Innovationshistorie: Diese umfasst die Erfahrungen, die das Unternehmen während seines Bestehens mit Innovationen gemacht hat. Die Innovationshistorie ist eng an das Alter des Unternehmens geknüpft. Die Autoren konstatieren, dass die Nutzung von Erfahrungswissen ausnahmslos als positiv anzusehen ist.
- Strategie, Kultur und Organisation: Unternehmensstrategie, Innovationskultur und Unternehmensorganisation haben einen großen Einfluss auf den Erfolg von Innovationen. Eine klar definierte und konsequent umgesetzte Unternehmens- und Innovationsstrategie wirkt sich positiv auf die Innovationskultur im Unternehmen und auf den Erfolg von Innovationsprozessen aus. Auch effiziente und effektive Strukturen und Prozesse mit klarer Wertschöpfungsorientierung sind für erfolgreiche Innovationen entscheidend.
- Finanzielle Ressourcen: Ausreichende finanzielle Mittel, die für den Innovationsprozess zielgerichtet eingesetzt werden, erhöhen dessen Erfolgspotenzial. Eine ausreichende Eigenkapitalausstattung erhöht die Chancen, ein Innovationsvorhaben auch bei unvorhergesehenen finanziellen Aufwendungen positiv zu Ende zu führen.
- Unternehmensgröße: Vahs und Brem stellen die positive Korrelation von Betriebsgröße mit Innovationserfolg heraus (2015, S. 83). Sie schlussfolgern, dass möglicherweise in Großunternehmen schon deshalb die Erfolgswahrscheinlichkeit steigt, weil sie sich in breiteren Aktionsfeldern betätigen und deshalb mehr Chancen haben, dass wenige der vielen Produktideen auch tatsächlich zur Marktreife gelangt. Unternehmensgröße kann sich aber auch negativ auf den Innovationserfolg auswirken, da es mit zunehmender Betriebsgröße auch mehr Kommunikations-, Koordinations- und Steuerungsprobleme geben kann.

Zu den unternehmensexternen Faktoren zählen die Autoren Marktgröße, Marktdynamik und Kooperationsmöglichkeiten. Die Marktgröße kann sich als Erfolgsfaktor sowohl positiv als auch negativ auswirken: In einem abgegrenzten und überschaubaren Markt ist die Möglichkeit der vollständigen Durchdringung eher und mit kleinerem Aufwand möglich als bei einem großen Markt. Besonders in Bezug auf den Ressourceneinsatz im Marketing scheint dieser Aspekt wichtig. Auf der anderen Seite muss der Markt eine gewisse Größe aufweisen, damit die Relation zwischen Mitteleinsatz sowie dem Ertrag der Innovation positiv wird.

Ein Markt mit großer Dynamik führt bei Unternehmen mit großer Innovationsrate zu geringer Planungssicherheit, einer möglicherweise instabilen Absatzlage und unklaren Produktperspektiven. Trotzdem sollten Unternehmen in dynamischen Märkten innovativ sein, da sie sonst ihre Marktpräsenz verlieren können.

Die Möglichkeit, mit Partnern im Bereich F+E, aber auch in den Bereichen Beschaffung und Absatz, zusammen zu arbeiten, ist für den Erfolg von Innovationen sehr wichtig. Nach Vahs und Brem (2015, S. 85) kann durch Kooperationen eine umfassendere Wissensbasis erarbeitet werden. Aber auch die Verbesserung der Marktposition, die Verbreiterung der Eigenkapitalbasis oder die Integration der Wertschöpfungskette sind positive Aspekte einer Kooperation.

Zu den sonstigen Erfolgsfaktoren für den Innovationsprozess zählen die Autoren die Gestaltung der betrieblichen Anreizsysteme. Hier nennen sie besonders die Vergütungssysteme, Karrieremöglichkeiten innerhalb der Fachlaufbahn und verschiedene Maßnahmen der Fort- und Weiterbildung der Beschäftigten. Im Umfeld des Unternehmens können das Verhalten der Konkurrenz, die Einflussnahme durch staatliche Institutionen auf die betrieblichen Innovationen, die Verfügbarkeit von externen Forschungsergebnissen für interne Prozesse und der mögliche Export von Innovationsergebnissen Einfluss auf den Erfolg der Innovationsprozesse haben.

Globocnik und Salomo (2014, S. 68) fassen die Ergebnisse ihrer Benchmarkstudie innovate! austria zu Erfolgsfaktoren im strategischen Innovationsmanagement wie folgt zusammen:

- Die Unternehmensaktivitäten sollen auf die systematische Informationssammlung über Markt- und Technologieentwicklungen ausgerichtet sein. So können Maßnahmen zur Steigerung von Kundennutzen, zum Erhalt von Wettbewerbsvorteilen sowie zur Generierung neuer Technologien abgeleitet werden. Dabei soll das Vorgehen analytisch, zukunftsorientiert und proaktiv gestaltet sein.
- Eine gemeinsam entwickelte, klar definierte und kommunizierte Innovationsstrategie ist ein Erfolgsfaktor. Dabei sollen der Markt- und Technologiefokus spezifiziert, Leitlinien vorgegeben und mit der Unternehmensstrategie korrespondiert werden.
- Weiterhin ist eine systematische Überwachung der Implementierung der Innovationsstrategie auf Portfolio- sowie Projektebene essenziell. Dies sollte auch die Möglichkeit beinhalten, die Strategie zu hinterfragen und gegebenenfalls an Veränderungen anzupassen.

Hartschen et al. (2015, S. 140 f.) sehen als Erfolgsfaktoren für eine Realisierung von Innovationsvorhaben eine hohe Transparenz des geplanten Ablaufs und des aktuellen Stands, die offene und zeitnahe Kommunikation über den Projektstatus und notwendige Veränderungen sowie intensive Absprachen und Abstimmungen zwischen Entwicklung, Verkauf, Service und Leistungserstellung. Sie fassen diese Aspekte in einer Checkliste zusammen (siehe Tab. 2.9).

Für Gassmann und Granig (2013, S. 33) wird die Innovationskultur sehr stark vom Führungsstil im Unternehmen beeinflusst. Die Kultur wird nach diesem Verständnis von unten gelebt, aber von oben vorgegeben. Daher sollte die Geschäftsführung hinter dem Innovationsprozess stehen und eine starke Innovationskultur sowie Kreativität vorleben. Dabei reicht es nach den Autoren nicht aus, das Thema Innovation im Geschäftsbericht oder auf der Weihnachtsfeier zu erwähnen. Für Gassmann und Granig kann wirksame Führung Menschen zu Höchstleistungen bewegen, indem sie Teams energetisiert und das kreative Potenzial des Individuums ausschöpft. Dafür stellen die Autoren die transformationale Führung mit den Stellhebeln idealisierender Einfluss, inspirierende Motivation, intellektuelle Stimulierung sowie individuelle Berücksichtigung vor. Bei diesem Modell spielen persönliche Interaktion und Kommunikation eine große Rolle.

2.3.3 Welche Faktoren führen zum Misserfolg des Innovationsprozesses?

Vahs und Brem (2015, S. 87 ff.) fassen mögliche Gründe für den Misserfolg von Innovationen wie folgt zusammen:

Tab. 2.9 Auszug Checkliste betriebliche Realisierung

	Betriebliche Realisierung
√	Das Topmanagement unterstützt die Innovation im hohen Maße und verankert die Umsetzung strategisch
√	Das Commitment zum Erfolg der Innovation ist vorhanden
√	Die zur erfolgreichen Umsetzung notwendigen Ressourcen werden vom Topmanagement zur Verfügung gestellt
√	Das Topmanagement schafft ein positives Umfeld der Innovationsumsetzung
√	Die Umsetzung geschieht systematisch mit Zielen und bewährten Instrumenten
√	Der Fortschritt und die Veränderungen werden gemessen
√	Die beteiligten Bereiche arbeiten eng zusammen und koordinieren den Ressourceneinsatz
√	Regelmäßig findet ein Informationsaustausch zum Umsetzungsstand und zu kritischen Tätigkeitsschritten statt
√	Es wurden bereichsübergreifende Prozesse festgelegt, die die Umsetzung fördern
√	Die Umsetzung erfolgt kollegial
√	Die externen Partner sind aktiv in den Umsetzungsprozess integriert
√	…

(Quelle Hartschen et al. 2015, S. 140 f.)

- Organisatorische Schwachstellen: zu hoher Spezialisierungsgrad, zu viele Hierarchieebenen, mangelnde Koordination und Kooperation zwischen den beteiligten Abteilungen, unzureichende Prozessstabilität sowie nicht ausreichende Handlungsflexibilität
- Personelle Schwachstellen: fehlendes Innovationsbewusstsein bzw. beschränkte innovative Fähigkeiten, fehlende Innovationsbereitschaft, lückenhafte Informationen sowie Kommunikationsprobleme zwischen den beteiligten Personen, fehlende personelle Ressourcen
- Planerische Schwachstellen: unvollständige Problemanalyse, unklare Innovationsstrategie, fehlende Systematik in der Vorgehensweise, falscher Markteintrittszeitpunkt, unzureichendes Innovationscontrolling
- Umfeldbezogene Schwachstellen: nicht ausreichende Analyse der Gegebenheiten von Markt und Wettbewerb sowie der technologischen, rechtlichen und politischen Rahmenbedingungen

Die Autoren fassen die typischen Umsetzungsfallen im Innovationsprozess in Abb. 2.8 zusammen.

2.3.4 Innovationscontrolling: Ziele erreichen, Prozesse verbessern

Nach Hauschildt und Salomo (2011, S. 358 f.) hängen die Evaluierungsintensität und die Bedeutsamkeit der wirtschaftlichen Evaluierungskriterien mit dem wirtschaftlichen Projekterfolg der Innovation direkt zusammen. Dabei sind inhaltlich differenzierende, aktuelle, intensive und häufige Informationen über Kosten oder finanzielle Ergebnisse der Innovation erfolgsförderlich.

Müller-Pröthmann und Dörr (2014, S. 28 ff.) verstehen unter Controlling die Planung, Kontrolle und Informationsversorgung im Sinne einer koordinierten Steuerung von Geschäftsprozessen. Hierbei wird die Durchführung (kritischer Nachvollzug) mit der Planung (gedanklicher Vorvollzug) abgeglichen, um die Effektivität, also den Grad der Zielerreichung mit der Effizienz, also dem Mittelaufwand zur Zielerreichung, zu untersuchen.

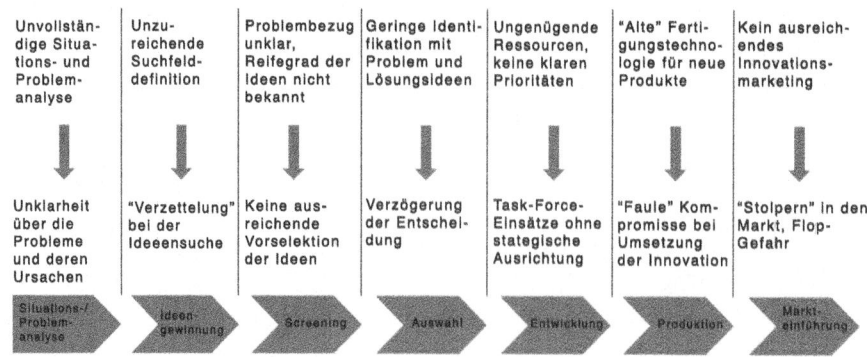

Abb. 2.8 Typische „Umsetzungsfallen" im Innovationsprozess (Quelle: Vahs und Brem 2015, S. 89)

2.3 Baustein 3: Erfolgsfaktoren im Innovationsmanagement

Im Sinne einer systematischen, durchgehenden Planung und Kontrolle des gesamten Innovationsprozesses ist Innovationscontrolling in der Literatur noch nicht durchgehend abgebildet. Nach Müller-Pröthmann und Dörr (2014) verstehen sich bisherige Ansätze als Bewertungen in den frühen Phasen des Innovationsprozesses – beispielhaft dargestellt bei der Innovations- und Ideenbewertung (Abschn. 2.2.4) oder als Kontrolle einzelner Prozessschritte im Stage-Gates-Modell (Abschn. 2.1.4). Aus diesem Grund schlagen die Autoren für ein pragmatisches und praxistaugliches Innovationscontrolling einen Instrumentenmix vor, der bewährte Controllinginstrumente und Innovationsmanagementmethoden verbindet. Der konzeptionelle Rahmen für das Innovationscontrolling baut sich wie folgt auf:

- Regelmäßige Durchführung von Innovationsanalysen für die Beurteilung und Verbesserung der Innovationsfähigkeit auf der Ebene des Unternehmens oder von einzelnen Einheiten
- Systematische Innovationsprozesse mit Quality Gates und permanenter Kontrolle durch entsprechende Bewertungen an den jeweiligen Gates sowie über mehrere Prozessschritte und den Gesamtprozess hinweg
- Bewährtes Projektcontrolling für die Umsetzung der Innovationsprojekte

Dieser Rahmen wird mit entsprechenden Instrumenten und Methoden an die jeweiligen Bereiche angepasst und in die unternehmerische Praxis implementiert. Wichtig hierbei ist es, dass alle Phasen des Innovationsprozesses in das Controlling einbezogen werden.

Auch Gassmann und Granig (2013, S. 46 f.) erachten eine laufende, prozessbegleitende Evaluation von Innovationsprojekten als sinnvoll und erforderlich. Neue Projektinformationen können eine komplett neue Sicht auf das Innovationsergebnis bedeuten – im positiven Fall kann das bedeuten, dass zusätzliche Ressourcen für das Projekt mobilisiert werden können, im negativen Fall kann ein Projektabbruch die unternehmerisch richtige Entscheidung sein.

Die Autoren geben allerdings zu bedenken, dass es trotz der Vielzahl von Bewertungsmethoden und -verfahren über die technischen und wirtschaftlichen Auswirkungen von Innovationsprojekten im Unternehmensalltag auch Projekte geben kann, bei denen die zur professionellen Beurteilung erforderlichen Daten nicht oder nur mit einer entsprechenden Ungenauigkeit erhoben werden können. Den idealen Verlauf wird es im Innovationscontrolling nicht geben, ebenso gibt es nicht ein Bewertungsverfahren, das auf alle Innovationsprojekte angewendet werden kann. In diesem Sinne ist der oben vorgestellte konzeptionelle Rahmen für das Innovationscontrolling von Müller-Pröthmann und Dörr eine Möglichkeit, die aber immer für den eigenen Unternehmenskontext angepasst werden muss.

Hauschildt und Salomo (2011, S. 367 f.) stellen einen idealtypischen Prozessablauf für die Evaluation eines systematischen Forschungs- und Entwicklungsprozesses auf (siehe Tab. 2.10).

Damit wird deutlich, dass die Messung des Innovationserfolges nicht mit Hilfe eines einzigen Messwertes vorgenommen werden kann. Hierfür werden Batterien von Messwerten

Tab. 2.10 Prozessbegleitende Erfolgsevaluation

Lfd. Nr.	Prozess-Stufe	Zwischenergebnisse = Ansatzpunkte für die Erfolgsmessung	Messdimensionen	Mess-Subjekt/ Bewertungs-instanz
1	Produktidee	Protokolle, Skizzen, mehr oder weniger ausgearbeitete Vorlagen	Zahl der Ideen/ Alternativen	Experten unter Bezug auf Stand der Technik
2	Forschung und Vorentwicklung	Konstruktionen, Versuchsanlagen, Prototypen	Messwerte für technischen Fortschritt, Steigerung von Qualität und Produktivität, Anstieg des Outputs, Senkung des Input	Experten unter Bezug auf technische Leistung
3	Erfindung	Patente, Publikationen, Preise, Zitationen	Anzahl, ggf. gewichtet	Wissenschaftler
4 (ggf. als 2)	Marktforschung	Feststellung von Zielgruppen, Testverkäufe, Ermittlung von Zahlungsbereitschaft, Klärung der Wettbewerbssituation	Absatzmengen, Verteilung über Zeit und Raum (Schätzwerte), Zahl und Potenziale der Wettbewerber	Marktforscher, Marketing-Manager
5	Produktions-entwick-lung, Investition, Fertigung	Marktfähiges Produkt, realisierbares Verfahren	Detaillierte Beschreibungen von Verbesserungen im Vergleich zu existierenden Lösungen	Marketing und Produktionsinstan-zen
6	Einführung der Innovation in den Markt oder Betrieb	Umsätze, Kostenersparnisse, Deckungsbeiträge, Gewinne	Geldbeträge, Kennzahlen, Indizes, Imitationen, Zeit- und Betriebsvergleiche, Anstieg der Börsenkurse	Marketing und Produktionsinstan-zen, Controller, Branchen-Experten, Bankiers

(Quelle Hauschildt und Salomo 2011, S. 368)

benötigt, die je nach Fortschritt des Innovationsprozesses eingesetzt werden. Wenn die für den jeweiligen Prozessabschnitt gesetzten Ziele erreicht werden, läuft der Innovationsprozess weiter ab. Falls nicht, muss über den Prozessabbruch nachgedacht werden. Bei erfolgreichen Innovationen wurden immer wieder Fortführungsentscheidungen getroffen Hauschildt und Salomo (2011, S. 369.).

> **Resümee**
> Die Innovationskultur eines Unternehmens ist eng mit seiner Unternehmenskultur verbunden. Sie setzt sich aus den Merkmalen Systemoffenheit, Freiraum (für die

Beschäftigten), offener Informations- und Kommunikationsstil, Konfliktbewusstsein und Risikobereitschaft sowie Beschäftigtenförderung zusammen. Die Einflussgrößen auf den Innovationserfolg werden in vier Gruppen eingeteilt: innovationsspezifische, unternehmensinterne, unternehmensexterne und sonstige Erfolgsfaktoren. Besonders wichtig sind eine hohe Transparenz des geplanten Ablaufs sowie des aktuellen Stands des Projektes, die offene und zeitnahe Kommunikation über den Projektstatus und notwendige Veränderungen sowie intensive Abstimmungen zwischen den beteiligten Abteilungen Entwicklung, Verkauf, Service und Leistungserstellung. Der Innovationsprozess sollte durch ein professionelles Innovationscontrolling begleitet und unterstützt werden. Hierbei erscheint eine prozessbegleitende Erfolgsevaluation, wie von Hauschildt und Salomo (2011, S. 367 f.) vorgestellt, am besten geeignet, um eine kontinuierliche Steuerung des Innovationsprozesses zu gewährleisten.

Kontroll- und Lernfragen
   a. Erklären Sie den Begriff „Unternehmenskultur" und erläutern Sie die Funktion der Unternehmenskultur in der Praxis
   b. Nennen und erläutern Sie die Merkmale der Innovationskultur nach Müller-Pröthmann und Dörr (2014)
   c. Welche Sichtweisen auf den Erfolg einer Innovation kennen Sie? Nennen Sie jeweils ein Beispiel auf der Praxis
   d. Welche Faktoren können zum Misserfolg einer Produktinnovation führen?
   e. Warum sollte ein Innovationsprozess in der Praxis durch ein Controlling begleitet werden? Welche Entscheidungen kann ein Evaluationsprozess nach sich ziehen?

Literatur

Brem, A., & Brem, S. (2013). *Kreativität und Innovation im Unternehmen. Methoden und Workshops zur Sammlung und Generierung von Ideen*. Stuttgart: Schäffer Poeschel.
Bundesministerium für Bildung und Forschung. (2014). *Die neue Hightech-Strategie Innovationen für Deutschland*. Berlin.
Corsten, H., Gössinger, R., & Schneider, H. (2006). *Grundlagen des Innovationsmanagements*. München: Vahlen.
Gassmann, O., & Granig, P. (2013). *Innovationsmanagement. 12 Erfolgsstrategien für KMU*. München: Carl Hanser.
Geschka, H. (1993). *Wettbewerbsfaktor Zeit*. Landsberg/Lech: Moderne Industrie.
Globocnik, D., & Salomo, S. (2014). Erfolgsfaktoren des strategischen Innovationsmanagements. In P. Granig, E. Hartlieb & H. Lercher (Hrsg.), *Innovationsstrategien. Von Produkten und Dienstleistungen zu Geschäftsmodellinnovationen*. Wiesbaden: Springer Gabler.
Hartschen, M., Scherer, J., & Brügger, C. (2015). *Innovationsmanagement. Die 6 Phasen von der Idee zur Umsetzung*. Gabal: Offenbach.
Hauschildt, J., & Salomo, S. (2011). *Innovationsmanagement* (5. Aufl.). München: Vahlen.
Kleinschmitt, E., Geschka, H., & Cooper, R. (1996). *Erfolgsfaktor Markt – Kundenorientierte Produktinnovation*. Berlin/Heidelberg: Springer.

Müller-Pröthmann, T., & Dörr, N. (2014). *Innovationsmanagement* (3. Aufl.). München: Carl Hanser.
Schein, E. H. (1984). Coming to a new awareness of organizational culture. *Sloan Management Review, 2*, 3–16.
Telekom Innovation Laboratories (T-Labs). (2016). User driven innovation. http://www.laboratories.telekom.com/public/deutsch/netzwerk/pages/udi.aspx. Zugegriffen am 05.05.2016.
Vahs, D., & Brem, A. (2015). *Innovationsmanagement. Von der Idee zur erfolgreichen Vermarktung* (5. Aufl.). Stuttgart: Schäffer Poeschel.

Wissensmanagement als Grundlage und Form des Innovationsmanagements

Zusammenfassung

In den letzten Jahrzehnten hat sich die Gesellschaft u. a. durch die Einführung und den Ausbau der Informations- und Kommunikationstechnologien verändert. Für Unternehmen und Individuen wird der effiziente und reflektierte Umgang mit den Ressourcen Information und Wissen immer wichtiger. Das Management von Wissen ist gerade in Zeiten des demografischen Wandels und der Fluktuation von Arbeitskräften ein zentraler Erfolgsfaktor für Unternehmen. Wissensmanagement setzt sich nach Probst et al. (2012, S. 30) aus den Bereichen Wissensidentifikation, Wissenserwerb, Wissensentwicklung, Wissens(ver-)teilung, Wissensbewahrung und Wissensnutzung zusammen. Nur wenn das vorhandene Wissen von den Beschäftigten im täglichen Arbeitsprozess genutzt wird, kommt es der Wertschöpfung des Unternehmens zugute. Für das Gelingen eines organisationalen Wissensmanagements ist es essenziell, dass alle Beschäftigten uneingeschränkten Zugang zur Informations- und Wissensbasis des Unternehmens bekommen und die interne Kommunikation reibungslos abläuft. Die Integration von Innovations- und Wissensmanagement birgt dabei große Chancen für den Unternehmenserfolg.

3.1 Baustein 1: Begriffsdefinitionen: Informations- und Wissensgesellschaft, Information, Wissen, Wissensmanagement

> **Lernziele**
> Dieses Kapitel beschäftigt sich mit der Definition der Wissensgesellschaft und der Erklärung, wie die Begriffe Daten, Information und Wissen zusammenhängen. Weiterhin wird erklärt, warum Unternehmen Wissen managen sollten und warum virtuelle Informations- und Wissenspools in der Praxis so wichtig sind.

3.1.1 Was ist eine Wissensgesellschaft?

In den letzten Jahrzehnten haben sich die Informations- und Kommunikationstechnologien (IuK-Technologien) rasant entwickelt. In einer Gesellschaft, in der sich die Menge des verfügbaren Wissens alle fünf Jahre verdoppelt, wird der Umgang mit Informationen und Wissen wichtiger als deren Erlangung. Damit wird ein effizienter und reflektierter Umgang mit Informationen und Wissen zu der Schlüsselqualifikation für die Individuen in der Informations- und Wissensgesellschaft (Degele 2000, S. 94).

In der Literatur finden sich hierzu verschiedene Beschreibungen. Ulrich Beck (1986) beschreibt die gesellschaftlichen Umstrukturierungen und ihre Folgen für die Individuen mit dem Begriff der „Risikogesellschaft", Rolf Kreibich nennt im selben Jahr die entstehende Gesellschaft eine „Wissensgesellschaft". Weiterhin findet man in der Literatur Begriffe wie „Kommunikationsgesellschaft", „Informationsgesellschaft" und „Dienstleistungsgesellschaft". Einig sind sich die Autorinnen und Autoren darüber, dass „Informationen", „Wissen" und „Kommunikation" in der zu beschreibenden Gesellschaftsform zu den bedeutendsten Ressourcen für Organisationen geworden sind. Nach Krcmar (2003, S. 417f.) wird Wissen in diesem Kontext zum Produktionsfaktor der Zukunft, der Energie und Rohstoffe, aber auch in zunehmendem Maße Kapital und Arbeit ersetzen kann. Der Autor nennt dafür folgende Gründe:

- Erstens: Eine wachsende Wissensintensität der Leistungen, die die Organisationen anbieten. Wenn früher ein einfaches Produkt verkauft wurde, werden nun zunehmend umfangreiche Beratungs- und Dienstleistungen angeboten. Dies kann nur funktionieren, wenn das Unternehmen über spezielle Informationen und über besonderes Wissen zu Kundenprozessen und eigenen Produkten sowie Dienstleistungen verfügt. Nur mit diesem Input können Lösungen entwickelt werden, die speziell auf die Kundenbedürfnisse zugeschnitten sind.
- Zweitens: Sinkende Zykluszeiten, die durch einen intensiveren Wettbewerb sowie die daraus resultierende hohe Innovationsrate bei Dienstleistungen und Produkten entstehen.

Auch unternehmerische Veränderungen, wie eBusiness und Produkte on demand, führen zu dieser Beschleunigung.
- Drittens: Eine größere geografische Verteilung von wissensintensiven Produkten im Unternehmen wirkt stimulierend auf die Bedeutung von Wissen. In global agierenden Unternehmen wird Wissen an verschiedenen Standorten genutzt und generiert.
- Viertens: Schnellere Veränderungen der Humanressourcen. Der lebenslang gleichbleibende Arbeitsplatz gehört der Vergangenheit an – eine schnellere Fluktuation der Beschäftigten geht gleichzeitig mit einer schnelleren Veränderung der Informations- und Wissensbasis der Unternehmen einher.

Damit wird deutlich, dass Informationen und Wissen kontinuierlich wichtiger werden. Für Rehäuser und Krcmar (1996, S. 9ff.) bedeutet dies für den Wertschöpfungsprozess im Unternehmen logistisch, dass das richtige Wissen zum richtigen Zeitpunkt am richtigen Ort in richtiger Menge und in der erforderlichen Qualität zur Verfügung stehen muss. Wissen ist dabei der einzige Rohstoff, der durch sein Nutzen wertvoller wird. Damit werden Akquisition, Entwicklung und Nutzung von Wissen, das für das Unternehmen relevant ist, zukünftig zum entscheidenden Wettbewerbsvorteil.

3.1.2 Was versteht man unter Wissen?

In den verschiedenen wissenschaftlichen Disziplinen wird der Begriff „Wissen" unterschiedlich definiert. In Philosophie, Psychologie, Soziologie, Informatik und Betriebswirtschaftslehre gibt es mannigfaltige Definitionen für „Wissen".

Im deutschsprachigen Raum wird häufig die Definition von Probst et al. (2012, S. 31) verwendet, die wegen ihrer ganzheitlichen Sichtweise auf den Charakter des Wissens als geeignet erscheint:

> „Wissen bezeichnet die Gesamtheit der Kenntnisse und Fähigkeiten, die Individuen zur Lösung von Problemen einsetzen. Dies umfasst sowohl theoretische Erkenntnisse als auch praktische Alltagsregeln und Handlungsanweisungen. Wissen stützt sich auf Daten und Informationen, ist im Gegensatz zu diesen jedoch immer an Personen gebunden. Es wird von Individuen konstruiert und repräsentiert deren Erwartungen über Ursache-Wirkungszusammenhänge".

Drucker (1993, S. 42) versteht unter Wissen ein Werkzeug, mit dem bestimmte Ergebnisse erzielt werden. Damit bezieht er die entscheidungsrelevante Dimension mit ein. Neben dem Begriff Wissen werden in der Literatur die Begriffe Zeichen, Daten und Informationen unterschiedlich verwendet. Für die betrieblichen Aufgaben wie Datenadministration und Wissensmanagement ist eine trennscharfe Abgrenzung notwendig. Wilke (1998, S. 7) kritisiert zu Recht, dass Verwirrungen entstehen, wenn von Wissenstransfer, gespeichertem Wissen und Wissensgenerierung im Unternehmen die Rede ist, dabei aber eigentlich Daten oder Informationen gemeint sind.

Abb. 3.1 Die Beziehungen zwischen den Ebenen der Begriffshierarchie Zeichen, Daten, Informationen und Wissen (In Anlehnung an Rehäuser und Krcmar 1996, S. 6)

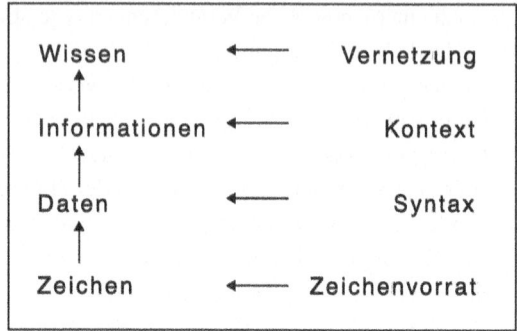

Rehäuser und Krcmar (1996, S. 6) haben hierzu ein noch heute gültiges Schema entwickelt (siehe Abb. 3.1).

Demnach stellen Daten durch Syntaxregeln verbundene Zeichen dar, die sich aus einem vorhandenen Zeichenvorrat rekrutieren. Werden die so entstandenen Daten einem bestimmten Kontext zugeordnet, können sie vom Empfangenden als Informationen interpretiert werden. Nach einer Vernetzung der Informationen und ihrer Zuordnung zu einem Handlungsfeld ergibt sich Wissen, das in dieser Hierarchie an höchster Stelle steht und damit den höchsten Wert besitzt. Nach dieser Definition ist Wissen subjekt- und zweckrelativ. Die Autoren sehen die drei oberen Begriffe in einer engen Verbindung und sprechen auch von einem Kontinuum zwischen Daten, Informationen und Wissen. Je mehr sich eine vom Empfangenden registrierte Information von der reinen Wahrnehmung (z. B. Lesen von Zeichen) der Wissensebene in der aufgezeigten Hierarchie nähert, umso mehr hat die Empfangende sie strukturiert und für sich subjektiv in größere Zusammenhänge eingeordnet. Aus diesem Grund lassen sich Daten besser abspeichern und transferieren als Informationen und Wissen. Information geht bei dieser Darstellung in Wissen ein, gleichzeitig greift Wissen auf Information zurück.

Picot et al. (2008, S. 86) gehen davon aus, dass sich der Aufbau von Wissen schrittweise durch die Assimilation neuer Informationen und Erfahrungen an bereits vorhandenes Wissen und durch die Akkommodation des vorhandenen Wissens an neue und aufgrund mangelnder Fassung nicht assimilierbare Sachverhalte ergibt. Aus diesem Grund können neue Informationen vom Individuum nur assimiliert werden, wenn es sie an sein vorhandenes Wissen anknüpfen kann.

North (2005, S. 36ff.) hat auf die vorgestellten Definitionen aufbauend eine Treppe des Wissens erstellt (Abb. 3.2).

North kombiniert hierbei Wissen mit dem Anwendungsbezug zu Können. Wenn sich dieses wiederum mit Wollen trifft, entsteht für den Autor Handeln. Kompetenz bedeutet nach diesem Schema richtiges Handeln und eine einzigartige Kompetenz entspricht nach dem Autor der Wettbewerbsfähigkeit. Demnach reicht es für ein Unternehmen nicht aus, die vorhandenen Informationen gut aufzubereiten, zu speichern und darzustellen und anschließend das vorhandene Wissen der Beschäftigten um diese Informationen zu

Abb. 3.2 Wissenstreppe (Quelle: North 2005, S. 32)

erweitern (Bottom-up-Prozess). Mindestens genauso bedeutend sind die Ableitung des zukünftigen Wissensbedarfs des Unternehmens aus wettbewerbsstrategischen Gründen (Top-down-Prozess) und die Entwicklung einer Wissensstrategie.

Nach den vorgestellten Definitionen wird deutlich, warum der Begriff „Informationsflut", der in Literatur und Medien häufig verwendet wird, genauer erklärt und verändert werden sollte. Wenn Informationen als Daten verstanden werden, die durch ein Individuum einem bestimmten Kontext zugeordnet werden, kann es keine Informationsflut geben. Danach sind Informationen immer Resultate von Zuordnungs- und Konstruktionsprozessen und strömen nie ungehindert auf ein Individuum ein. Nach Rommert (2005, S. 62) kann es also nur unzureichende Selektionsstrategien geben. Aus diesem Grund sollte besser von einer „Datenflut" gesprochen werden, mit der die Individuen lernen müssen umzugehen.

3.1.3 Was heißt Wissensmanagement?

Da Wissen in der Literatur von vielen Autoren als zentraler Erfolgsfaktor für Unternehmen betrachtet wird, werden verschiedene Ansätze zur systematischen Gestaltung von Wissensmanagement diskutiert. Bei vielen Inhalten von unternehmerischen Datenbanken handelt es sich um Organigramme, Telefon- und Mailverzeichnisse oder Formulare – nach der in Abschn. 3.1.2 dargestellten Unterscheidung von Informationen und Wissen werden diese Inhalte zu den Informationen gezählt. Echtes Wissen lässt sich online nur sehr begrenzt managen – z. B. bei Blogs, Chats und permanent an die Arbeitssituation angepasste Arbeitsanweisungen kann von einem wirklichen Managen von Wissen gesprochen werden.

Aus diesem Grund wird im Folgenden immer von Informationen und Wissen als Einheit gesprochen, wenn es um die konkreten Inhalte geht, mit denen umgegangen wird.

Aufgrund des demografischen Wandels und Fluktuationen in der Belegschaft verlieren Unternehmen immer wieder Beschäftigte und damit in vielen Fällen wertvolles, implizites Wissen. Wie in Abschn. 3.1.1 dargelegt sind Unternehmen aber genau auf dieses Wissen angewiesen, um zukunftsfähig zu bleiben. Deshalb ist es für Unternehmen lebenswichtig, eine Strategie zu entwickeln, um Informationen und Wissen unabhängig von einzelnen Individuen für das Unternehmen zur Verfügung zu stellen und anderen Beschäftigen weiterzugeben zu können. Sowohl der Informations- und Wissenstransfers als auch die Informations- und Wissensbewahrung in den Unternehmen zählen zu den zentralen Anforderungen, denen sich Unternehmen in der heutigen Zeit stellen müssen. Ziel hierbei ist es, dass sowohl die Beschäftigten als auch das Unternehmen lernen. Dieses organisationale Lernen ist ein hochkomplexer Vorgang, der sowohl an die Beschäftigten als auch an die Strukturen der Organisation hohe Anforderungen stellt.

Gerade für Unternehmen mit mehreren Standorten und für global agierende Unternehmen spielen nach Picot (2008, S. 433) virtuelle Informations- und Wissenspools eine bedeutende Rolle. Da die Beschäftigten in den meisten Fällen gar nicht oder nur sehr begrenzte Zeit zusammen sind, sind enge und gleichzeitig flexible Kommunikationsanbindungen für eine gelingende Zusammenarbeit unerlässlich. Hierbei geht es sowohl darum, sich zu den Arbeitsinhalten abzustimmen, als auch einen einfachen und schnellen Zugang zu gemeinsam genutzten Datenbeständen und Projektunterlagen zu gewährleisten. Für die Autoren ist die menschliche Kommunikation der Schlüsselfaktor, damit die Virtualisierung der Organisation und der gemeinsame Umgang mit Informationen und Wissen funktionieren können. Für Bienzeisler und Möhrle (2003) besteht die größte Herausforderung darin, Informationen und das Wissen der Individuen so zu managen, dass es für das Unternehmen tatsächlich zur Verfügung steht. In diesem Zusammenhang verweisen die Autoren auf die Bedeutung der Kommunikation, denn nur durch funktionierende Kommunikationsstrukturen können Menschen Beziehungen und Vertrauen zueinander aufbauen – und daran entscheidet sich, ob aus Informationen Wissen werden kann. Aus diesem Grund fordern die Autoren ein kommunikatives Wissensmanagement.

Resümee

Durch die Entwicklung der Informations- und Kommunikationstechnologien in den letzten Jahrzehnten hat sich die Gesellschaft verändert. In der Literatur wird u. a. von einer Wissensgesellschaft gesprochen, da ein effizienter und reflektierter Umgang mit den Ressourcen Information und Wissen zu Schlüsselqualifikationen für die Individuen geworden ist. Wissen bezeichnet dabei die Kenntnisse und Fähigkeiten, die ein Individuum zur Lösung von Problemen einsetzt und wird von einem Kontinuum aus Daten und Informationen verknüpft mit der Erfahrung des Individuums gebildet. Das Management von Wissen im Unternehmen ist gerade in Zeiten des demografischen Wandels und der Fluktuation von Arbeitskräften ein zentraler Erfolgsfaktor.

Kontroll- und Lernfragen

a. Erklären Sie den Begriff „Wissensgesellschaft" und diskutieren Sie die Aspekte, warum die heutige Gesellschaftsform in der Literatur als Wissensgesellschaft bezeichnet wird.
b. Definieren Sie den Begriff „Wissen" und erklären Sie den Zusammenhang von Daten, Information und Wissen anhand der Wissenstreppe nach North.
c. Für welche Unternehmen spielt Wissensmanagement eine besonders große Rolle und warum? Finden Sie Beispiele aus der Praxis, bei denen Wissensmanagement Ihrer Ansicht nach gut funktioniert. Was machen diese Unternehmen besonders gut?

3.2 Baustein 2: Wissensmanagement im Unternehmen und im Zusammenspiel mit Innovationen

Lernziele

Zunächst wird in diesem Kapitel erklärt, welche Arten von Wissen es im Unternehmenskontext gibt. Anschließend lernen die Leserinnen und Leser die Kernprozesse des Wissensmanagements nach Probst et al. sowie die vier Modi der Wissenskonvertierung nach Nonaka und Takeuchi kennen. Danach werden die Aufgaben des betrieblichen Wissensmanagements nach Willke in Form eines doppelten Kreislaufs analog der doppelten Buchführung vorgestellt und der Zusammenhang von Wissensmanagement und Innovation erklärt.

3.2.1 Arten von Wissen in Unternehmen

Um zu verstehen, was gemeint ist, wenn von den Inhalten des Wissensmanagements gesprochen wird, sollen zunächst die verschiedenen Arten von Wissen in Unternehmen vorgestellt werden.

Wildner (2011, S. 30) unterscheidet Wissen in Sach- und Handlungswissen. Bei dieser Unterscheidung kommt es darauf an, was durch das Wissen repräsentiert wird. Sind dies Tatsachen und Fakten, wird von deklarativem oder deskriptivem Wissen gesprochen (Sachwissen). Handlungen, Prozesse und Vorgänge werden dagegen als prozedurales Wissen bezeichnet und beschreiben somit Handlungswissen.

Bruggmann (2000, S. 73) geht davon aus, dass Sachwissen nicht zwangsläufig effektives Handeln nach sich ziehen muss. Demnach kann durch das deklarative Handlungswissen (zu wissen, was zu tun ist) nicht unbedingt impliziert und abgeleitet werden kann, wie die Handlung umzusetzen ist (zu wissen, wie etwas zu tun ist).

Bereits 1958 hat Michael Polanyi (1985) tacit knowledge als implizites und explicit knowledge als kodifiziertes, anerkanntes Wissen definiert. Implizites Wissen hat ein Individuum aufgrund seiner Geschichte, seiner Erfahrung und seines Lernens im Sinne von „Know-how". Durch diese Eigenschaften des impliziten Wissens kann es im Unternehmen zu Problemen bei der Verarbeitung, Übertragung und Speicherung kommen. Das implizite Wissen muss dafür zunächst in dokumentiertes explizites Wissen übertragen werden, um dann überhaupt speicherbar zu sein (Rehäuser und Krcmar 1996, S. 6f.). Bühl (1984, S. 116 f.) geht davon aus, dass Wissen normalerweise implizit vorliegt und seine Explikation ein unnatürlicher und seltener Vorgang ist, der nur unter günstigen Umständen und in einem ungestörten Diskurs ablaufen kann. Dabei soll implizites Wissen die Grundlage allen Wissens sein, selbst aber nur über das explizite Wissen erschlossen werden können.

Wilkesmann (2000, S. 2f.) unterscheidet weiterhin individuelles und kollektives Wissen. Schließt ein Individuum einen Lernvorgang erfolgreich ab, d. h. haben sich individuelle Verhaltens- und/oder Einstellungsveränderungen ergeben, so wird das auf diese Weise generierte Wissen als individuelles Wissens bezeichnet. Kollektives Wissen dagegen gilt als die Summe des Wissens aller Gruppenmitglieder bzw. aller Beschäftigter eines Unternehmens. Dieses kollektive Wissen umfasst dabei auch die Formen der Interaktionsbeziehungen zwischen den einzelnen Beschäftigten.

Ist implizites Wissen gleich in verschiedenen Beschäftigten eines Unternehmens vorhanden, wird es nur dann kollektiv, wenn die anderen Beschäftigen von dem impliziten Wissen Kenntnis haben. Ist explizites Wissen z. B. durch eine Verschlüsselung im System nur für ein Individuum erreichbar (beispielsweise der Leitungsperson), handelt es sich um individuelles Wissen.

Damit ist nach Rehäuser und Krcmar (1996, S. 9) in Unternehmen der Zugang zu vorhandenem Wissen bei der Aussage über dessen Kollektivität entscheidend. Danach wird der Teil der unternehmerischen Informations- und Wissensbasis, der für alle Beschäftigten zugänglich ist, als bewusstes Wissen der Wissensbasis bezeichnet. Der andere Teil, der aufgrund struktureller Sperren nicht für alle Beteiligten zugänglich ist, wird als latentes Wissen des Unternehmens bezeichnet. Die Autoren folgern daraus, dass sich das organisatorische Lernen nur soweit entwickeln kann, wie die organisatorische Informations- und Wissensbasis für die Entscheidungsträger in dem Unternehmen nutzbar gemacht wird, verändert und fortentwickelt werden kann.

Für Duncan und Weiss (1979, S. 78) setzt die Bildung von kollektivem Wissen in einem Unternehmen dessen soziale Verfügbarkeit voraus.

Diese liegt nur vor, wenn die folgenden drei Bedingungen erfüllt sind:

1. Wissen muss kommunizierbar sein: Dies meint die Eigenschaft des Wissens, durch Kommunikationsprozesse transferierbar zu sein. Wie bereits angesprochen, ist die Transferierung von echtem Wissen aufgrund seiner Gebundenheit an Personen, deren Erfahrungen und bereits vorhandenes Wissen sehr schwer.

2. Wissen muss konsensfähig sein: Die Beschäftigten des Unternehmens müssen das Wissen akzeptieren, dies setzt eine prinzipielle Übereinstimmung über die Gültigkeit und den Nutzen des Wissens voraus.
3. Kollektives Wissen muss integrierbar sein: Fragmentierte individuelle Wissenskomponenten müssen in eine kollektive Informations- und Wissensbasis integriert werden können. Umgekehrt müssen auch kollektive Wissenselemente in die individuelle Wissensbasis der Beschäftigen integrierbar sein (Thiel 2002, S. 18f.).

3.2.2 Wie wird Wissen im Unternehmen gemanagt?

Das Informations- und Wissensmanagement hat im Unternehmen zwei Aufgaben: Zu einem soll es die Beschäftigten bei ihrer täglichen Arbeit mit den notwendigen Informationen unterstützen, zum anderen soll es die Beschäftigten fördern. Das Lernen des Unternehmens, also das organisationale Lernen, wird erst durch die Verteilung von und die Kommunikation über Informationen und Wissen möglich. Hierbei kann im besten Fall von Wissensaustausch gesprochen werden. Lernen kann in diesem Zusammenhang als eine aktive Auseinandersetzung mit dem Informations- und Wissensmanagementsystem und seinen Inhalten verstanden werden. Beschäftigte lernen voneinander, indem sie das System zur Weitergabe ihrer Information und bedingt auch ihres Wissens nutzen. Durch die Aufnahme neuer Inhalte aus dem Pool der vorhandenen Informationen und die Verknüpfung mit den individuellen Erfahrungen entsteht bei dem einzelnen Beschäftigten neues Wissen. So kommen die individuell gemachten Erfahrungen dem ganzen Unternehmen zugute. Mit Hilfe eines Informations- und Wissensmanagementsystems soll eine lernende Organisation so zeitnah und flexibel auf neue Anforderungen eingehen können und damit besser und schneller Innovationen entwickeln und umsetzen (Herrmann et al. 2003, S.43f.).

> „Knowledge is a fluid mix of frame experience, values, contextual information, and expert insight that provides a framework for evaluating and incorporating new experiences and information. It originates and is applied in the mind of knowers. In organizations, it often becomes embedded not only in documents or repositories but also in organizational routines, processes, pratices and norms" (Davenport und Prusak 1998, S.5)

Diese von Davenport und Prusak aufgestellte Definition von Wissen macht deutlich, warum Wissen so schwer einem starren Managementprozess unterworfen werden kann. Aus demselben Grund ist diese Ressource für das Unternehmen so wertvoll: Wissen ist die Voraussetzung für die Bewertung und Vernetzung neuer Erfahrungen und Informationen. Da es personen- und kontextgebunden ist und immer an Überzeugungen, Erfahrungen und Werte gekoppelt ist, lässt es sich nicht einfach als starrer Gegenstand managen.

Probst et al. (2012, S. 30ff.) haben sich mit den unterschiedlichen Problemstellungen in Unternehmen in Bezug auf das Informations- und Wissensmanagement beschäftigt und

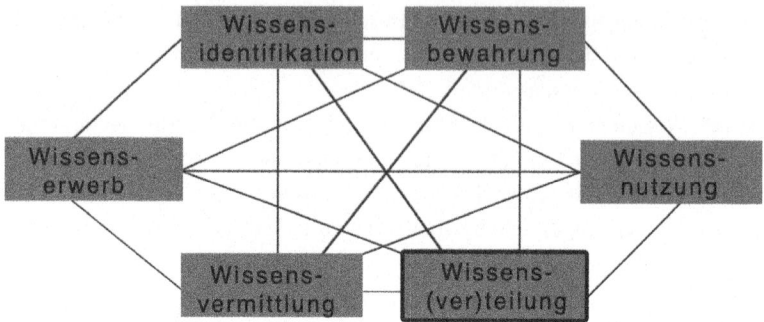

Abb. 3.3 Kernprozesse des Wissensmanagements (Quelle: Probst et al. 2012, S. 30)

diese kategorisiert. Daraus haben die Autoren eine Gruppierung von sechs Kernprozessen des Informations- und Wissensmanagements entwickelt, die in Abb. 3.3 dargestellt wird.

Im Bereich der Wissensidentifikation wird das Wissensumfeld des Unternehmens untersucht und anschließend beschrieben. Bei diesem Prozess soll die Transparenz von Daten, Informationen und Wissen im Vordergrund stehen und somit Ineffizienzen vermieden werden.

Beim Wissenserwerb wird auf den Bezug von externem Wissen fokussiert. Hierbei können Anbieter für Applikationen und Softwareerwerb mit einbezogen werden. Außerdem können zudem Unternehmensberater hinzugezogen werden, die spezielle Projekte unterstützen und weiteres Wissen einfließen lassen. Dabei wird die Überschneidung zu dem in Abschn. 2.2.4 thematisierten Innovationsprozess deutlich. Dort wurden in den Bereichen Ideengenerierung und Ideensammlung die Zielgruppen einbezogen. Ähnliches kann man auch hier beim Wissenserwerb machen. Neben den professionellen Anbietern von externem Wissen können in dieser Stufe auch die Zielgruppen in den Prozess einbezogen werden und so wertvollen Input für das Wissensmanagement des Unternehmens geben.

Der Bereich der Wissensentwicklung beinhaltet die Entwicklung neuer Dienstleistungen, Produkte und die Ausbildung weiterer Fähigkeiten im Unternehmen. Das Ziel der Wissensentwicklung ist es, Prozesse und Produkte des Unternehmens für die Stakeholder attraktiver zu gestalten und das Unternehmen durch seine verbesserte Wissensbasis bei der Wertschöpfung zu unterstützen. Dabei ergänzt die Wissensentwicklung den Bereich des Wissenserwerbs. Auch hier sollten die Zielgruppen in den Prozess einbezogen werden und ihre Bedürfnisse und Ideen in die Wissensentwicklung einbringen können.

Im Bereich der Wissens(ver-)teilung geht es um alle Maßnahmen, die notwendig sind, damit relevantes Wissen zur richtigen Zeit, in der richtigen Menge und Qualität den richtigen Personen am richtigen Ort bereitsteht. Hierzu zählt auch die Verantwortung jedes Beschäftigten, der seine Informationen und sein Wissen in den Prozess einfließen lässt, vorhandenes und neues Wissen den anderen Beschäftigten zur Verfügung zu stellen. Aufgabe des Unternehmens dabei ist es, alle Barrieren vor und während des Teilungsprozesses zu beseitigen und die Beschäftigten zum Teilen ihrer Informationen und ihres Wissens zu ermutigen. Für diesen Prozess müssen die Möglichkeiten des Wissenstransfers im Unternehmen permanent analysiert und verbessert werden.

Im Modell von Probst et al. kommt der Wissensbewahrung eine wichtige Funktion zu, die die kontinuierliche Selektion, Speicherung und Aktualisierung der dokumentierten Informationen und des eingebrachten Wissens übernimmt. Hierbei ist es genauso wichtig, neuen Input einzugliedern, wie alte Inhalte auszusortieren. Nur so kann die Wissensbasis tatsächlich relevante Inhalte sammeln.

Im letzten Bereich der Wissensnutzung geht es darum, dass die Beschäftigten auch wirklich das aufbereitete Wissen nutzen. Nur dann kann es dem Unternehmen bei der Wertschöpfung zugutekommen. Hierbei können Anreizsysteme diskutiert werden, die die Beschäftigten motivieren sollen, ihr Wissen zu teilen und den Inhalt der Wissensbasis in ihrer täglichen Arbeit effektiv zu nutzen.

Um das Teilen von Wissen im Unternehmen zu verdeutlichen, wird im Folgenden das SECI-Modell (Socialisation, Externalisation, Combination, Internalization) von Nonaka und Takeuchi (1997, S. 73) vorgestellt (Abb. 3.4).

Nonaka und Takeuchi greifen in ihrem Modell die in Abschn. 3.1.3 genannte Differenzierung von Polanyi auf und leiten daraus die Übergänge zwischen dem impliziten und expliziten Wissen sowie zwischen individuellem und kollektivem Wissen ab. Nach Willke (2001, S. 14) ist besonders diese Verknüpfung der unterschiedlichen Wissensarten für die Wissensgenerierung in Unternehmen von besonderer Bedeutung.

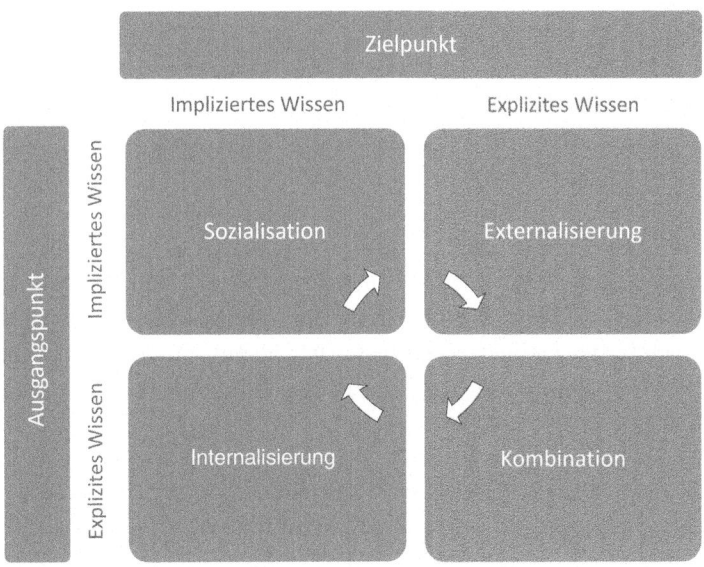

Abb. 3.4 SECI-Modell: Die Formen der Wissensteilung und Transformation (Quelle: in Anlehnung an Jantzen 2009, S. 35)

Die vier Modi der Wissenskonvertierung nach Nonaka und Takeuchi lassen sich wie folgt beschreiben:

1. Von implizit zu implizit (Sozialisation)
   Diese Form der Wissenskonvertierung lässt sich an folgendem Beispiel verdeutlichen: Eine Auszubildende zur Hotelfachfrau schaut im Restaurant ihres Hotels ihrer Ausbildungsleiterin beim Eindecken eines Tisches zu und lernt auf diesem Weg, an welchen Plätzen die Gläser, Bestecke und Menagen sein sollen. Das implizite Wissen der Ausbildungsleiterin wird so zum impliziten Wissen der Auszubildenden. Das Grundmuster des Wissens wird dabei nicht explizit, deshalb bleibt es für das Unternehmen unzugänglich. Es handelt sich um die Übertragung von dem Wissen einer Person auf eine andere – dieses Wissen wird auch als erlebtes Wissen bezeichnet.
2. Von implizit zu explizit (Explikation)
   Durch die Explikation wird vorher implizites Wissen, also nur im jeweiligen Beschäftigten vorhandenes Wissen, für das Unternehmen verfügbar. Dieser Vorgang kann durch die Erstellung eines Konzeptes oder einer Checkliste, einen Dialog oder durch kollektives Nachdenken ausgelöst werden. In dem in 1. genannten Beispiel kann die Ausbildungsleiterin die einzelnen Punkte und Verortungen der Utensilien, die zum professionellen Decken eines Tisches notwendig sind, in einer Checkliste verschriftlichen und diese allen Auszubildenden und Beschäftigten zukommen lassen. Damit wird ihr implizites Wissen explizit und kann von anderen Mitgliedern der Organisation genutzt werden.

   Da die zentrale Problematik für das Wissensmanagement in der Überführung von implizitem in explizites Wissens liegt, ist das hier beschriebene Grundmuster der Wissensübertragung der Schlüssel zur Wissenserzeugung im Unternehmen. Nach Nonaka und Takeuchi können somit neue explizite Konzepte impliziten Wissens erzeugt werden (konzeptionelles Wissen). Ans dieser Stelle darf allerdings nach Probst et al. (2012, S. 31) nicht vergessen werden, dass Wissen in den meisten Fällen personengebunden ist und nicht so einfach, wie von Nonaka und Takeuchi im SECI-Modell dargestellt, expliziert werden kann. In vielen Fällen handelt es sich in Konzepten und Dialogen um festgeschriebene Informationen, die die Nutzerinnen und Nutzer nur mit einem geeigneten Erfahrungshintergrund in eigenes Wissen umwandeln können. Bei dem genannten Beispiel aus dem Hotel werden die Auszubildenden den Inhalt der Checkliste zum Eindecken eines Tisches nur in eigenes Wissen umwandeln können, wenn sie mehrfach beim Eindecken zugeschaut und mitgemacht haben und die Checkliste für kommende Eindeckungen als Gedankenstütze bzw. Muster nutzen.
3. Von explizit zu explizit (Kombination)
   Durch das Zusammensetzen von bereits bekanntem explizitem Wissen kann neues explizites Wissen entstehen. Bei diesem Prozess hat die Organisation kein neues Wissen gewonnen, es wurde nur vorher bereits bekanntes Wissen miteinander kombiniert (systemisches Wissen).

4. Von explizit zu implizit (Internalisierung)
   Hierbei wird das dokumentierte, explizite Wissen von den Beschäftigten durch Aufnahme, Ergänzung und Neuordnung ihres bereits vorhandenen Wissens internalisiert. Rehäuser und Krcmar (1996, S. 33ff.) postulieren, dass das Konzept „Learning by doing" diesem Grundmuster sehr nah kommt. Bei der Internalisierung wird es aufgrund der benannten Personenbezogenheit von Wissen in vielen Fällen um Aufnahme von Informationen gehen, die dann das eigene Wissen ergänzen und/oder neu ordnen. Nur wenn der Rezipierende über einen ähnlichen Erfahrungsschatz verfügt wie der Beschäftigte, der sein Wissen expliziert hat, gibt es eine reale Chance, tatsächlich Wissen zu implizieren.

Bei optimaler Prozessgestaltung lassen sich nach Nonaka und Takeuchi die vorgestellten vier Modi der Wissensgenerierung zu einer „Spirale der organisationalen Wissensgenerierung" verknüpfen, die in der Mitte der Abb. 3.4 mit den Pfeilen dargestellt ist. In ihrem Modell gehen die Autoren davon aus, dass Unternehmen an sich kein Wissen erzeugen können. Das implizite und explizite Wissen der Beschäftigten dient hierbei als Basis für die Erzeugung organisationalen Wissens. Durch das permanente Durchlaufen der „Spirale der Wissensgenerierung" sollen beide Wissensarten in dem Unternehmen immer weiter anwachsen. Dieser Prozess beginnt auf der individuellen Ebene und weitet sich durch Zunahme der am Wissensprozess Beteiligten über Arbeitsgruppen, Abteilungen und das Unternehmens als solches bis über die Unternehmensgrenzen hinaus aus.

Wie von Bienzeisler und Möhrle (2003) in Abschn. 3.1.3 postuliert, spielt in diesem Prozess die organisationsinterne Kommunikation eine große Rolle – nur durch sie kommt die beschriebene Spirale in Bewegung. Der Erfolg des unternehmensinternen Informations- und Wissensmanagements wird immer gefährdet sein, wenn die Unternehmensleitung nicht die Zusammenarbeit und Kommunikation im Unternehmen hinsichtlich des Informations- und Wissenstausches fördert. Nur zum Wissenstausch motivierte Mitarbeiterinnen und Mitarbeiter werden am kontinuierlichen Auf- und Ausbau des organisationalen Wissenspools mitarbeiten.

Dabei werden die Aufgaben des Informations- und Wissensmanagements in der Literatur unterschiedlich angegeben. Für Güldenberg (2001, S. 335) sind die Wissensgenerierung, die Wissensspeicherung, der Wissenstransfer und die Wissensanwendung die Grundaufgaben des unternehmerischen Wissensmanagements. Daraus aufbauend ist auch die Steigerung der organisationalen Intelligenz eine wichtige Aufgabe für den Autor. Diese hängt von folgenden Faktoren ab:

- von der strukturellen Voraussetzung des Unternehmens, besonders von der strukturellen Plastizität
- von der organisationalen Lernfähigkeit (hiermit ist das Meta-Wissen über den eigenen Lernprozess gemeint)
- von Größe und Qualität der vorhandenen organisationalen Wissensbasis

Abb. 3.5 Drei Ebenen des Wissensmanagements (Quelle: Rehäuser und Krcmar 1996, S. 18)

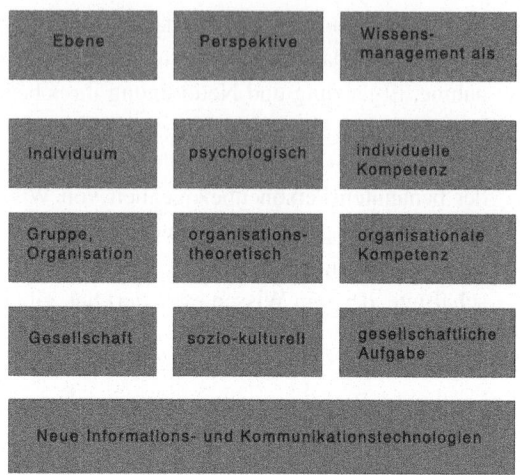

Demnach muss jedes Unternehmen nach Güldenberg sein eigenes Informations- und Wissensmanagement aufbauen und seine spezifischen Aufgaben an die eigenen Bedürfnisse anpassen.

Für Rehäuser und Krcmar (1996, S. 18) besteht Wissensmanagement aus drei Ebenen (Abb. 3.5). In diesen Ebenen lässt sich die Handhabung von Wissen in Unternehmen beschreiben und es wird deutlich, wie sich die Ebenen gegenseitig beeinflussen.

Für die Autoren bestehen die Aufgaben des Wissensmanagements darin, im Bereich der Infrastruktur die organisatorischen Voraussetzungen für eine lernende Organisation zu schaffen und damit eine Nutzung, Veränderung und Weiterentwicklung der organisationalen Wissensbasis zu ermöglichen.

Für Willke (2001, S. 83ff.) bilden die Aufgaben des betrieblichen Wissensmanagements einen doppelten Kreislauf, der analog mit dem Aufbau der doppelten Buchführung zu sehen ist. Der erste Kreislauf (selbstreferenzieller Kreislauf) ist der innere, geschäftsbezogene Kreislauf. Er ist folgendermaßen aufgebaut:

a. Zunächst wird für das Unternehmen relevantes Wissen generiert.
b. Anschließend wird dieses Wissen aktiviert,
c. generalisiert,
d. in eine dokumentierte Form gebracht,
e. das generierte Wissen wird verteilt und
f. das Wissen wird genutzt.
g. Dann erfolgt die Bewertung und Revision des generierten und genutzten Wissens.

Für die in g. aufgeführte Revision des Wissens wird ein zweiter, äußerer Kreislauf (fremdreferenzieller Kreislauf) wichtig. Dieser setzt sich aus den relevanten Fragen:

- wozu?
- was?
- wie?
- wer?

zusammen und umschließt den inneren, selbstreferenziellen Kreislauf. Für Willke besteht der Kern des Wissensmanagements in der Fähigkeit, die zukünftige Innovationskompetenz des Unternehmens durch kollektives Lernen und die kontinuierliche Revision des vorhandenen Wissens zu sichern. Deshalb ist für ihn das Zusammenspiel beider Kreisläufe für ein funktionierendes Wissensmanagement im Unternehmen unerlässlich.

Nach Herrmann et al. (2003, S. 13ff.) scheitern viele der Wissensmanagementprojekte in der Praxis oder nehmen einen unerwartet schwachen Verlauf, obwohl der Bedarf an organisationsweiter Verteilung von Informationen und Wissen groß ist und die Relevanz von Informations- und Wissensmanagement in den Unternehmen erkannt wird. Dabei werden notwendige Strukturen in Form von Kommunikations- und Kooperationsplattformen eingerichtet, aber anschließend verlaufen die Prozesse nicht wie vorgesehen oder es gibt bei der Reorganisation von Wissen Probleme. Nach den Autoren sind diese organisationalen Wissensblockaden meistens struktureller Natur. Das Unternehmen weiß nicht, was es weiß und die Beschäftigten können das nicht gewusste Wissen dann nicht produktiv einsetzen.

Dabei gehen die Autoren (Herrmann et al. 2003, S. 191) davon aus, dass es besonders wichtig ist, dass alle Beschäftigten Zugang zu der organisationalen Informations- und Wissensbasis bekommen. Manchmal werden aufgrund von Ängsten vor Missbrauch Informationen und Wissen zurückgehalten oder nur wenige Führungskräfte bekommen Zugang zu den Informationen bzw. zu dem Wissen. In diesem Fall kann das oben beschriebene System der kontinuierlichen Informationsvergrößerung und Wissenserweiterung in dem Unternehmen nur langsam oder gar nicht anlaufen. Aus diesem Grund ist nach Herrmann et al. die Unterstützung der Prozesse hin zu einer funktionierenden Wissensbasis durch die interne Kommunikation für deren Erfolg entscheidend. Auch nach Picot et al. (2008, S. 122ff.) sind Information, Kommunikation und Vertrauen für das Gelingen von Informations- und Wissensmanagement essentiell.

3.2.3 Wissensmanagement und Innovationen

In Kapitel Abschn. 2.3.1 machen Müller-Pröthmann und Dörr (2014, S. 18f.) deutlich, dass eine offene Informations- und Kommunikationskultur ein wichtiges Merkmal der Innovationskultur im Unternehmen ist. Auch Vahs und Brem (2015. S. 77ff.) zeigen auf, dass die Innovationskultur und die Unternehmensorganisation für den Erfolg eines Innovationsprozesses eine große Rolle spielen. Der Umgang mit Informationen und Wissen im Unternehmen ist damit für ein funktionierendes Innovationsmanagement unerlässlich.

Für Müller-Pröthmann und Dörr (2014, S. 117ff.) sind Innovationen stets eng mit Wissen verknüpft. Dieses Wissen ist allerdings oft in den Köpfen der Beschäftigten verortet, liegt allerdings auch in Form von Dokumenten, Prozessen und externen Quellen vor. Die Informations- und Wissensbasis (siehe Abschn. 3.1.3) kann dabei als Quelle für die Phase der Ideengenerierung (siehe Abschn. 2.2.4) des Innovationsprozesses wichtige Informationen bereitstellen und bildet somit eine wichtige Grundlage des betrieblichen Innovationsmanagements.

Müller-Pröthmann und Dörr (2014, S. 117ff.) schlagen vor, Innovations- und Wissensmanagement zu integrieren und geeignete Werkzeuge zu finden, die beiden Prozesse zu unterstützen (siehe Abb. 3.6).

Damit wird deutlich, dass ein wissensbasiertes Innovationsmanagement den Innovationsprozess ebenso unterstützt wie den Wissensaustausch auf und zwischen den Ebenen Individuum, Gruppe und Organisation. Instrumente sind konsequent umgesetzte Feedback- und Feedforward-Loops, die Kollaboration mit internen und externen Partnern und die explizite Berücksichtigung von Störfaktoren.

Nach diesem Modell bezieht der erweiterte Innovationsprozess nicht nur das Wissen der eigenen Beschäftigten mit ein, sondern auch das Wissen externer Quellen. Hierbei können wichtige Stakeholder als Ideengeber fungieren (siehe das Beispiel der T-Labs in Abschn. 2.2.4). Neben Kundinnen und Kunden sind hier auch Zulieferer sowie F+E- und Netzwerkpartner zu nennen.

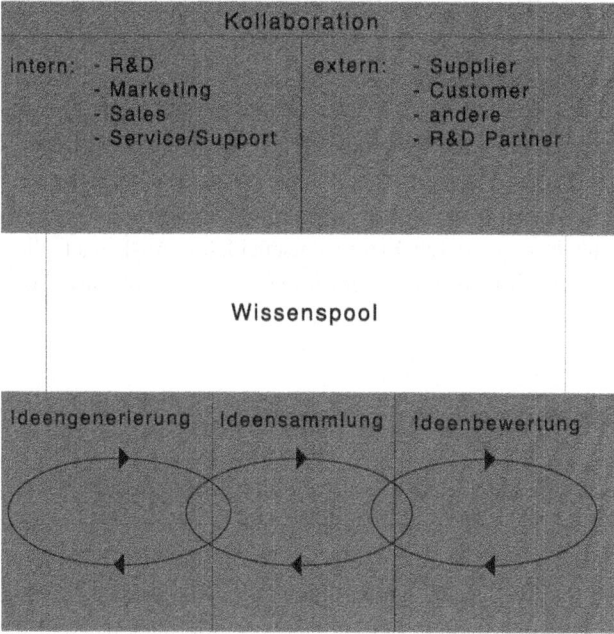

Abb. 3.6 Integration von Kollaboration und Loops im Ideenmanagementprozess (Quelle: Müller-Pröthmann und Dörr 2014, S. 117, aus: Müller-Pröthmann 2008)

Für die Integration von Innovations- und Wissensmanagement gibt es auch über die Phase der Ideengenerierung hinaus zahlreiche Ansatzpunkte. Nach Müller-Pröthmann und Dörr (2014) sind der personengebundene Wissenstransfer in Innovationsprozessen und die Dokumentation und Auswertung von Lessons Learned aus Innovationsprojekten zu nennen.

Darüber hinaus kann die Einführung eines Wissensmanagementpools im Unternehmen eine Innovation darstellen und sollte dann als Innovationsprozess verstanden und gemanagt werden. Hierzu kann der in Abschn. 2.2.4 dargestellte Ablauf eines idealisierten Innovationsprozesses auf die individuelle Unternehmenssituation angepasst werden.

> **Resümee**
>
> In der Literatur werden verschiedene Arten von Wissen im Unternehmen unterschieden. Im Kontext des Wissensmanagements sind die Unterscheidungen in Sach- und Handlungswissen, in implizites und explizites Wissen sowie in individuelles und kollektives Wissen relevant. Die Bildung von kollektivem Wissen im Unternehmen setzt dessen soziale Verfügbarkeit voraus. Dazu muss Wissen kommunizierbar, konsensfähig und integrierbar sein. Wissensmanagement setzt sich nach Probst et al. (2012, S. 30) aus den Bereichen Wissensidentifikation, Wissenserwerb, Wissensentwicklung, Wissens(ver-)teilung, Wissensbewahrung und Wissensnutzung zusammen. Nur wenn das vorhandene Wissen von den Beschäftigten im täglichen Arbeitsprozess genutzt wird, kommt es der Wertschöpfung des Unternehmens zugute. Willke (2001, S. 83ff.) beschreibt die Aufgaben des Wissensmanagements anhand eines doppelten Kreislaufs – dem der doppelten Buchhaltung im Unternehmen sehr ähnlich. Verschiedene Autoren weisen darauf hin, dass Wissensmanagement nur funktionieren kann, wenn alle Beschäftigten uneingeschränkten Zugang zur Informations- und Wissensbasis des Unternehmens haben und wenn die interne Kommunikation reibungslos abläuft. Die Integration von Innovations- und Wissensmanagement birgt große Chancen für den Unternehmenserfolg. Außerdem stellt die Einführung eines Wissensmanagementpools im Unternehmen eine Innovation dar, die mit Hilfe der Instrumente des Innovationsmanagements gestaltet werden kann.

> **Kontroll- und Lernfragen**
> a. Erklären Sie die verschiedenen Arten von Wissen im Unternehmen und die Bedingungen für die Bildung von kollektivem Wissen.
> b. Welche zwei Aufgaben hat das Informations- und Wissensmanagement im Unternehmen und welche Herausforderungen stellt die spezielle Konsistenz von Wissen für diesen Prozess dar?
> c. Welche vier Modi der Wissenskonvertierung erklären Nonaka und Takeuchi in ihrem SECI-Modell?
> d. Erläutern Sie mögliche Zusammenhänge zwischen Wissensmanagement und Innovationsmanagement im Unternehmen anhand eines praktischen Beispiels.

Literatur

Beck, U. (1986). *Risikogesellschaft. Auf dem Weg in eine andere Moderne.* Frankfurt am Main: Suhrkamp.
Bienzeisler, B., & Möhrle, H. (2003). Wissensmanagement. Eine neue Herausforderung für die kommunikative Organisation. *prmagazin, 8*, 49–54.
Bruggmann, M. (2000). *Die Erfahrung älterer Mitarbeiter als Ressource.* Wiesbaden: Springer.
Bühl, W. (1984). *Die Ordnung des Wissens.* Berlin: Duncker und Humblot.
Davenport, T., & Prusak, L. (1998). *Working knowledge: How organizations manage what they know.* Boston: Harvard Business School Press.
Degele, N. (2000). *Informiertes Wissen. Eine Wissenssoziologie der computerisierten Gesellschaft.* Frankfurt am Main: Campus.
Drucker, P. F. (1993). *Post-Capitalist Society.* New York: HarperCollins Publishers.
Duncan, R., & Weiss, A. (1979). Organizational learning – Implications for organizational design. *Research in Organzational Behavior, 1*, 75–123.
Güldenberg, S. (2001). *Wissensmanagement und Wissenscontrolling in lernenden Organisationen. Ein systemtheoretischer Ansatz.* Wiesbaden: Deutscher Universitäts-Verlag.
Herrmann, T., Mambrey, P., & Shire, K. (Hrsg.). (2003). *Wissensgenese, Wissensteilung und Wissensorganisation in der Arbeitspraxis.* Wiesbaden: Westdeutscher Verlag/GWV Fachverlage.
Jantzen, M. (2009). *Transfer und Konservierung von Erfahrungswissen in Unternehmen.* Hamburg: Igel Verlag.
Krcmar, H. (2003). *Die Wissensgesellschaft.* Berlin/Heidelberg: Springer.
Müller-Pröthmann, T., & Dörr, N. (2014). *Innovationsmanagement* (3. Aufl.). München: Carl Hanser.
Nonaka, I., & Takeuchi, H. (1997). *Die Organisation des Wissens. Wie japanische Unternehmen eine brachliegende Ressource nutzbar machen.* Frankfurt am Main: Campus.
North, K. (2005). *Wissensorientierte Unternehmensführung – Wertschöpfung durch Wissen* (4. Aufl.). Wiesbaden: Gabler.
Picot, A., Reichwald, R., & Wigand, R. T. (2008). *Die grenzenlose Unternehmung. Information, Organisation und Management* (5. Aufl.). Wiesbaden: Gabler.
Polanyi, M. (1985). *Implizites Wissen.* Frankfurt am Main: Suhrkamp.
Probst, G., Raub, S., & Romhardt, K. (2012). *Wissen managen. Wie Unternehmen ihre wertvollste Ressource optimal nutzen* (7. Aufl.). Wiesbaden: Gabler.
Rehäuser, J., & Krcmar, H. (1996). Wissensmanagement im Unternehmen. In Schreyögg/Conrad (Hrsg.), *Managementforschung 6. Wissensmanagement.* Berlin/New York: Walter de Gruyter.
Rommert, F.-M. (2005). *Hoffnungsträger Intranet. Charakteristika und Aufgaben eines neuen Mediums in der internen Kommunikation* (2. Aufl.). München: Reinhard Fischer.
Thiel, M. (2002). *Wissenstransfer in komplexen Organisationen. Effizienz durch Wiederverwertung von Wissen und Best Practise.* Wiesbaden: Deutscher Universitätsverlag.
Vahs, D., & Brem, A. (2015). *Innovationsmanagement. Von der Idee zur erfolgreichen Vermarktung.* (5. Aufl.). Stuttgart: Schäffer Poeschel.
Wildner, S. (2011). Problemorientiertes Wissensmanagement – Eine Neukonstruktion des Wissensmanagements aus konstruktivistischer Sicht. Diss. In D. Seibt et al. (Hrsg.), *Reihe Wirtschaftsinformatik* (Bd. 72). Köln: Josef Eul.
Wilkesmann, U. (2000). Welche organisationalen und motivationalen Voraussetzungen braucht das Knowledge-Management? In *Knowledge Management. Wissen als Wettbewerbsvorteil. Zusammenfassung der BDVB Fachtagung vom 29. Juni 2000 in Augsburg.*
Willke, Helmut. (1998). *Systemisches Wissensmanagement.* Stuttgart: Lucius & Lucius.
Willke, H. (2001). *Systemisches Wissensmanagement.* Stuttgart: Lucius & Lucius.

Kommunikation für Innovationen

Zusammenfassung

Eine erfolgreiche Unternehmenskommunikation sollte strategisch ausgerichtet sein, um die für das Unternehmen relevanten Stakeholder mit den für sie wichtigen Informationen zu versorgen. Sie wird in interne und externe Unternehmenskommunikation unterteilt und hat die Aufgabe, zur Wertschöpfung des Unternehmens beizutragen. Kommunikation in Richtung der Beschäftigten wird als interne Kommunikation bezeichnet, externe Kommunikation geht in Richtung aller anderen Bezugsgruppen. Das strategische Kommunikationsmanagement lehnt sich an den klassischen Managementkreislauf mit den Phasen Analyse, Planung, Durchführung und Kontrolle an und unterstützt das Unternehmen dabei, sich mit einem einheitlichen Bild seinen Stakeholdern zu präsentieren. Hierbei soll widerspruchsfrei und glaubwürdig kommuniziert werden, um die gesetzten Kommunikationsziele zu erreichen. Interne und externe Kommunikationsprozesse spielen im Innovationsmanagement eine bedeutende Rolle, werden aber nach Zerfaß (2009, S. 24) in vielen Teilbereichen des Innovationsmanagements noch nicht integriert diskutiert. Zerfaß versteht Kommunikation als konstitutives Element eines Innovationsprozesses und geht davon aus, dass sich deshalb neue Anforderungen und Rollen für die Kommunikationsverantwortlichen im Unternehmen ergeben. Innovations- und Kommunikationsprozesse sollten deshalb in der Praxis mehr verzahnt werden und die verantwortlichen Abteilungen enger zusammenarbeiten. Auch für das Employer Branding, also für den Aufbau einer starken Arbeitgebermarke, spielen Innovationen eine große Rolle. Dabei wird das Employer Branding sowohl durch den Bereich der Sozialinnovationen, bei dem es u. a. um Arbeitszufriedenheit und Arbeitsplatzgestaltung geht, unterstützt, als auch durch andere Innovationsarten sowie eine ausgeprägte Innovationskultur. Um sichtbar zu werden, müssen diese Themen durch Instrumente der Unternehmenskommunikation in Richtung der Beschäftigten sowie an potenzielle Talente kommuniziert werden.

4.1 Baustein 1: Begriffsdefinitionen interne und externe Unternehmenskommunikation

> **Lernziele**
> Im folgenden Baustein werden die interne und externe Unternehmenskommunikation definiert. Anschließend wird die „Integrierte Kommunikation" erklärt und diskutiert, warum sie für die Unternehmenskommunikation so wichtig ist. Damit sollen die Leserinnen und Leser erkennen, dass nur eine strategisch geplante Unternehmenskommunikation ihre Ziele erreichen und zur Wertschöpfung des Unternehmens beitragen kann.

4.1.1 Was heißt Unternehmenskommunikation?

Lies (2010) definiert Unternehmenskommunikation (corporate communications) als den Teil der Unternehmensführung, der mit Hilfe des Wahrnehmungsmanagements die Reputation (Ruf) prägt. Damit sind die individuellen Wahrnehmungsgrößen der relevanten Stakeholder (Beschäftigte, Kundinnen und Kunden, Umweltgruppen etc.) Vertrauen (erwartbares Verhalten) und Glaubwürdigkeit (Ausmaß der wahrgenommenen Erwartbarkeit) zentrale Teilziele der Unternehmenskommunikation. Von diesen leitet Lies folgende Teilziele ab:

- wahrnehmungsbezogene Teilziele (informative, edukative und emotionale)
- handlungsbezogene Teilziele (z. B. Weiterempfehlungsbereitschaft, Kaufneigung, Beschäftigtenmotivation)
- zielgruppenbezogene Teilziele (z. B. Führungskräftezustimmung, Kundenzufriedenheit)

Da der Ruf für Lies nicht nur von der geplanten Kommunikation abhängt, sondern auch durch ungeplant wahrgenommene Handlungen, deren Folge möglicherweise erfolgsrelevante Skandale sein können, bestimmt wird, gehört für ihn das Verhaltensmanagement zentral zur Unternehmenskommunikation dazu.

Mast (2013, S. 13) definiert Kommunikationsmanagement als das Management sowohl durch Kommunikation als auch der Kommunikation. Hierzu zählen auch die Möglichkeiten und Grenzen, Kommunikationsstrategien zu planen bzw. umzusetzen. Damit dies gelingen kann, sollen nach der Autorin Handlungsstrukturen und -abläufe im Unternehmen etabliert werden, die die jeweiligen Kommunikationsprozesse prägen und mitgestalten. Damit macht die Autorin deutlich, dass Strategien für die erfolgreiche Kommunikation eines Unternehmens notwendig sind und dass die strategische Kommunikation geplant werden muss, um die Ziele zu erreichen, die sie sich gesetzt hat.

Für Rolke (2005, S. 139) beinhaltet die Unternehmenskommunikation das Management der Kommunikationsbeziehungen eines Unternehmens zu seinen Anspruchsgruppen. Für den Autor bedeutet dies, (monetär bewertbare) Kooperationsvorteile zu erzielen bzw. kostenwirksame Störungen zu vermeiden. Damit geht es dem Autor um die Wertschöpfung für das Unternehmen, die durch Kommunikation erzielt wird, bzw. um Störungen der Wertschöpfung, die durch Kommunikation verhindert werden.

Nach Piwinger und Zerfaß (2007, S. 23) umfasst die Unternehmenskommunikation alle Kommunikationsprozesse, mit denen ein Beitrag zur Aufgabendefinition und -erfüllung in gewinnorientierten Wirtschaftseinheiten geleistet wird. Dabei trägt sie zur internen und externen Handlungskoordination sowie Interessenklärung zwischen Unternehmen und ihren Bezugsgruppen (Stakeholdern) bei. Diese Definition beinhaltet alle Handlungsprozesse, die durch Kommunikation unterstützt oder auch erst ermöglicht werden. Weiterhin unterscheiden die Autoren interne und externe Bereiche, die die Unternehmenskommunikation bedienen soll. Diese Definition verortet die unterschiedlichen Rezipienten der Unternehmenskommunikation, arbeitet die strategische Perspektive aber nicht so detailliert aus wie die Definition von Mast.

Wie in Abb. 4.1 ersichtlich, hat Avenarius (2008, S. 181) in einer umfangreichen Übersicht die wichtigsten Bezugsgruppen für Unternehmen beleuchtet. Er teilt die Stakeholder (Anspruchsgruppen) nach ihrer Herkunft in Absatzmärkte (Kundschaft, Händlerschaft),

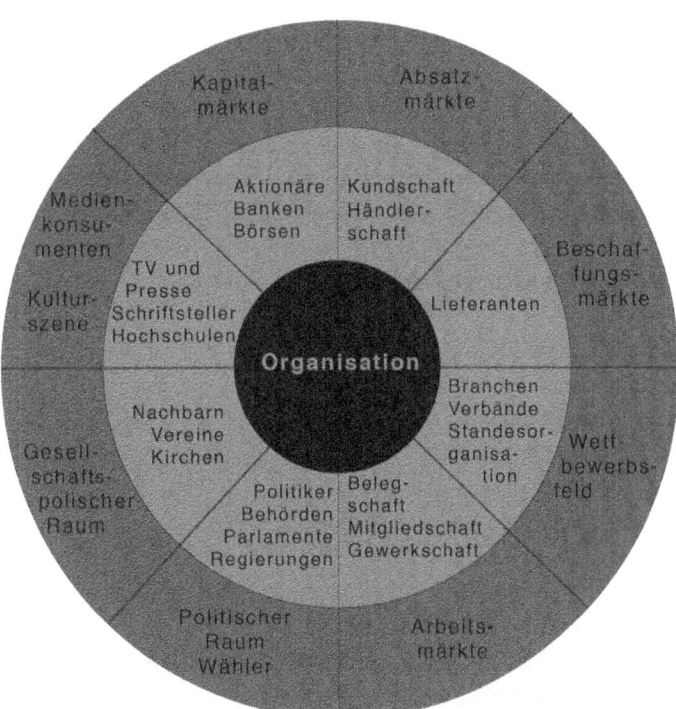

Abb. 4.1 Kontaktfelder eines Unternehmens (Quelle: Avenarius 2008, S. 181)

Beschaffungsmärkte (Lieferanten), Wettbewerbsfeld (Branchen, Verbände, Standesorganisationen), Arbeitsmärkte (Belegschaft, Mitgliedschaft, Gewerkschaft), politischer Raum, Wähler (Politiker, Behörden, Parlamente, Regierungen), gesellschaftspolitischer Raum (Nachbarn, Vereine, Kirchen), Medienkonsumenten und Kulturszene (TV und Presse, Schriftsteller, Hochschulen) sowie Kapitalmärkte (Aktionäre, Banken, Börsen) ein.

Jedes Unternehmen sollte die für sich relevanten Stakeholder individuell anhand der eigenen Rahmenbedingungen bestimmen – in Zeiten des demografischen Wandels und des damit einhergehenden Fachkräftemangels kommt dem Bereich der Arbeitsmärkte für immer mehr Unternehmen ein größer werdendes Gewicht zu. Um gute Beschäftigte zu halten und für neue Talente attraktiv zu sein, setzen immer mehr Unternehmen auf Employer Branding, die Schaffung einer starken Arbeitgebermarke. In der benannten Einteilung nach Avenarius ist dabei nicht nachzuvollziehen, warum die Hochschulen bei Medien und Kultur subsumiert und nicht zu den Arbeitsmärkten gezählt werden. Aber auch die Bereiche Absatzmärkte, Beschaffungsmärkte, Medienkonsumenten und Wettbewerbsfeld sind für die meisten Unternehmen sehr wichtig.

4.1.2 Was beinhaltet die interne Unternehmenskommunikation?

Als interne Kommunikation wird der Teil der Unternehmenskommunikation verstanden, der sich ausschließlich nach innen an die bereits vorhandenen Beschäftigten richtet. Nach Ludwig (2008, S. 6) dient diese Art der Kommunikation insbesondere dem Dialog zwischen den Führungskräften und den Mitarbeiterinnen und Mitarbeitern. Lies (2008, S. 133) definiert interne Kommunikation als „alle kommunikativen und informativen Vorgänge, die zwischen den Mitgliedern einer Organisation (Unternehmen, Behörden, Vereine, Verbände etc.) ablaufen. Sie versteht sich als integrativer Teil eines ganzheitlichen Kommunikationsmanagements". Der Autor (Lies 2008, S. 134–135) differenziert verschiedene Teilbereiche der internen Kommunikation:

1. Geplante und ungeplante Kommunikation
2. Formelle und informelle Kommunikation
3. Integrierte Kommunikation
4. Instrumentelle Kommunikation
5. Direkte und indirekte Kommunikation
6. Bilaterale und multilaterale Kommunikation

Bei den im Unternehmen zur Anwendung kommenden Kommunikationsströmen unterscheidet Lies (2008, S. 136–137) drei Arten:

Die Abwärtskommunikation (Top-down-Kommunikation), bei der in den meisten Fällen die Führungsebene zu den Beschäftigten kommuniziert. Inhaltlich geht es bei dieser Art der Kommunikation meistens um allgemeine den Arbeitsalltag bzw. das Unternehmen betreffende Informationen sowie um die Übermittlung von Zielvorstellungen der Leitungsebene.

Der zweite Kommunikationsstrom nach Lies ist die Aufwärtskommunikation (Bottom-up-Kommunikation). Sie umfasst alle Kommunikationsbotschaften, die von den Beschäftigten an die Führungsebene gerichtet sind. Die Horizontalkommunikation als dritter Kommunikationsstrom beinhaltet die allgemeine Kommunikation innerhalb einer Hierarchieebene und hat in den meisten Fällen organisatorische Aspekte des Arbeitsalltags als Thema.

Nach Mast (2013, S. 223) wird die interne Kommunikation vor allem in kleinen und mittelständischen Unternehmen als Wettbewerbsfaktor unterschätzt. Für die Autorin (Mast 2013, S. 224) hat die interne Kommunikation u. a. folgende Ziele:

- Eine optimale Aufgabenerfüllung der Beschäftigten durch die Bereitstellung von notwendigen Informationen
- Die Mobilisierung des Know-how der Beschäftigten sowie die Förderung von Engagement (Partizipation)
- Die Erhaltung und Steigerung der Zufriedenheit der Beschäftigten und ihrer Identifikation mit dem Unternehmen
- Die Verbesserung der Umsetzung der Geschäftsziele auf allen Ebenen des Unternehmens
- Die Optimierung der Kommunikationsarchitektur im Unternehmen sowie der einzelnen Kommunikationswege (z. B. Beschäftigtenzeitschrift, Intranet)

Diese Auflistung zeigt, dass die interne Kommunikation zwei Hauptziele verfolgt: Zum einen soll sie die unternehmensorientierten Zielsetzungen unterstützen und damit seine Handlungsfähigkeit und die Qualität der Handlungen verbessern. Zum anderen existieren beschäftigtenorientierte Ziele, die sich nach Mast (2013, S. 225) auf die Person des Beschäftigten, dessen Bedürfnisse sowie seine Entwicklungschancen beziehen.

Im Zuge der Entwicklung der Online-Kommunikation erwarten auch die Beschäftigten von ihrem Unternehmen, dass es intern einen Dialog und damit Interaktion zulässt. Für Mast (2013, S. 238ff.) stellt das Intranet eine Plattform für vielfältige Anwendungen dar. Die Autorin nennt Corporate TV, also unternehmensinterne Bewegtbildkommunikation, Wikis und Blogs als zukünftig wichtige Kommunikationsinstrumente, die zusammen mit tradierten Instrumenten wie einer Beschäftigtenzeitschrift, die teilweise auch online angeboten wird, und der personellen, unvermittelten Kommunikation eine wichtige Rolle spielen. Dabei teilt die Autorin den Kern der internen Unternehmenskommunikation in folgende drei Bereiche ein:

1. Die elektronisch gestützte Kommunikation mit dem Intranet als Kommunikationsplattform, das auch Corporate Blogs integriert, die als Online-Journale chronologische Texteinträge ähnlich wie in einem Tagebuch enthalten.

2. Die neu positionierten gedruckten Medien, also Zeitschriften und gedruckte Dienste, die trotz fehlender Aktualität die Rolle eines Wegweisers im Unternehmen übernehmen.
3. Die persönliche Kommunikation, die sowohl zwischen Vorgesetzten und Beschäftigten als auch zwischen Fachleuten und im Kollegenkreis ausgeübt wird. Sie baut intensive Kontakte auf, vermittelt komplexe Sachverhalte und ermöglicht eine emotionale Ansprache. Die persönliche Kommunikation ist auch als Führungsinstrument bedeutsam.

Für Klöfer (2003, S. 21) sind Führungsstil und Kommunikationsstil zwei Seiten einer Medaille, die gemeinsam über den Erfolg von Führungsmaßnahmen und damit über den Unternehmenserfolg entscheiden. Für Lies (2008, S. 142) spielt die interne Kommunikation eine Rolle, wenn es um Vertrauen, Identifikation und Akzeptanz des Unternehmens durch die Beschäftigten geht und wirkt damit unmittelbar auf die Motivation der Beschäftigten. Dabei führt jede Art von Kommunikation mit den Beschäftigten unwillkürlich zur Bildung einer Arbeitgebermarke und hinterlässt einen entsprechenden Eindruck (Pett 2008, S. 58).

Nelke und Sievert (2013, S. 114ff.) sehen gewaltige Berge unausgeschöpften Potenzials für die interne Kommunikation über Social Media-Tools und konstatieren ein fehlendes systematisches Wissen über die Ausnutzung dieser Instrumente. Dabei arbeiten die Autoren drei fundamentale Zusammenhänge heraus, die zwischen Unternehmensführung und Kommunikationskultur einerseits sowie Social Media Tools und interner Kommunikation andererseits bestehen:

1. *Social Media brauchen Führung – gerade bei Veränderungen*: Social Media ist immer noch ein Tool, das weder Unternehmen noch Beschäftigte wirklich professionell beherrschen – alle Beteiligten sind in irgendeiner Form Anfängerinnen und Anfänger. Hier stellt sich die Frage, welche Regeln des vernünftigen Umgangs bei der Nutzung gelten. Was darf wie über eine Führungsperson oder ein konkretes Veränderungsvorhaben in einem internen sozialen Medium geschrieben werden? In welchem Umfang darf nach innen und außen über Unternehmensgeschehnisse berichtet werden, die zwar nicht direkt vertraulich sind, aber in der Summe vielleicht kein positives Bild des Unternehmens ergeben oder sogar für Wettbewerber nützlich sind? Diese und andere Fragen sind in vielen Unternehmen bisher noch nicht geklärt. Hier ist eine Führung gefragt, die klar zu solchen Fragen Stellung bezieht und – idealerweise dialogisch orientierte – Lösungen anbietet. Viele „Social Media Guidelines" in Unternehmen berücksichtigen diesen Aspekt leider noch nicht genug.
2. *Führung braucht Social Media – gerade in der Startphase*: Schon länger wird unter Führung nicht mehr das Herumkommandieren von Beschäftigten verstanden, sondern eine „Leadership", die Ziele vorgibt und vorlebt. Wo sich diese Form der Führung immer noch nicht durchgesetzt hat, wird der Druck auf eine Änderung gerade durch den Einfluss von Social Media deutlich zunehmen. Gerade in Zeiten von immer schneller werdenden Veränderungs- und Entscheidungsprozessen ist es für eine moderne Führungskraft notwendig, so frühzeitig wie möglich Probleme innerhalb des

Unternehmens mitzubekommen und darauf zu reagieren. Durch ihren dialogischen, sehr symmetrischen Kommunikationsansatz können Social Media hier eine fundamentale Unterstützung leisten – die leider bisher viel zu wenig genutzt wird.
3. *Social Media und Führung werden sich gegenseitig neu definieren – grundsätzlich und langfristig*: Durch Social Media bedingt werden die Grenzen zwischen dem „Oben" und dem „Unten" sowie dem „Innen" und dem „Außen" von Unternehmen langfristig neu definiert. Damit könnte die von Picot et al. (2008) bereits zur Jahrtausendwende geforderte und später wieder diskutierte „grenzenlose Unternehmung" so tatsächlich Wirklichkeit werden. Gerade für Konzerne mit ausgeprägten Hierarchieebenen kann so eine moderne Kultur des Dialogs und der Offenheit entstehen. Mittelständler können durch eine neue Art von Netzwerken effizient ihre Stärken ausspielen. Es ist anzunehmen, dass es jede künstliche, nicht sach- und kompetenzbegründete Hierarchie in Zukunft schwer haben wird. Daneben wird die Art, wie Führung Social Media Tools einsetzt, die Wahrnehmung und Entwicklung der Netzwerke und Dienste weiter beeinflussen.

Die Autoren wollen Social Media in diesem Zusammenhang nicht nur als ein weiteres Tool verstanden wissen, sondern als eine generelle Ausdrucksform modernen Führungsverständnisses. Dabei sollen die Risiken durch die Nutzung von Social Media nicht verschwiegen werden. Sicherlich können die neuen Technologien nicht nur zum Dialog, sondern auch zur Kontrolle missbraucht werden. Auch kann die dauerhafte Auffindbarkeit von Statements und Informationen in einigen Jahren nicht mehr gewünscht sein. Trotzdem werden Unternehmen im globalen Wettbewerbsdruck nicht mehr die Wahl haben, *ob* sie sich gegenüber Social Media weiter öffnen. Lediglich das *Wie* können sie noch zum eigenen Nutzen und zum Nutzen ihrer Beschäftigen mitgestalten.

Mit den jungen Beschäftigten der sogenannten Generation Y (Geburtsjahrgänge 1981 – 1995 (Klaffke 2011, S. 4)) und Z (Geburtsjahrgänge ab 1996 (Scholz 2014, S. 12f.)) kommen Menschen in die Unternehmen, die auf Dialogkommunikation Wert legen und mit Online-Plattformen teilweise sogar aufgewachsen sind. Aber auch viele Beschäftigte, die vor 1981 geboren sind, benutzen Kommunikationsplattformen im Internet täglich und erwarten zu einem großen Teil eine höhere Einbindung in unternehmensbezogene Themen und Informationen. Um den Kommunikationsbedürfnissen der Belegschaft gerecht zu werden, sollten Unternehmen die Möglichkeiten elektronisch gestützter Kommunikation künftig noch stärker nutzen und noch mehr auf Dialogkommunikation mit ihren Beschäftigten setzen.

4.1.3 Was versteht man unter externer Unternehmenskommunikation?

Die externe Unternehmenskommunikation richtet sich an alle Stakeholder eines Unternehmens, die sich außerhalb der Organisation befinden. Wie in Abschn. 4.1.1 dargestellt, lassen sich die Stakeholder (Avenarius 2008, S. 181) nach ihrer Verortung in Absatzmärkte,

Beschaffungsmärkte, Wettbewerbsfeld, Arbeitsmärkte, politischer Raum/Wähler, gesellschaftspolitischer Raum, Medienkonsumenten/Kulturszene und Kapitalmärkte einteilen.

Die externe Unternehmenskommunikation bedient sich verschiedener Kommunikationsinstrumente, die je nach Kommunikationsziel, Zielgruppe und Kommunikationsbotschaft individuell angepasst werden. In Richtung der Absatzmärkte spricht Mast (2013, S. 255) von den Zielen der Kundenbindung und des Beziehungsmanagements. Für die Autorin (Mast 2013, S. 262f.) sind in diesem Zusammenhang erfolgversprechende Instrumente Public Relations (PR), Werbung, Verkaufsförderung und Direktmarketing, Sponsoring, Messen/Events und die persönliche Kommunikation. Im Bereich PR möchten die Produkt-PR bzw. die Kunden-PR ein überzeugendes Bild des Unternehmens und seiner Leistungen transportieren. Werbung gilt als klassischer Kommunikationsweg in Richtung Kunden, birgt aber durch die Möglichkeiten in den Online-Medien auch neue Möglichkeiten. Messen und Events setzen auf die Inszenierung der Kompetenz des Unternehmens in fachlicher sowie emotionaler Hinsicht. Persönliche Kommunikation gilt als einflussreichster Weg der Kundenbeeinflussung und kann die über Medien vermittelte Kommunikation unterstützen.

Mast (2013, S. 263) unterscheidet zwischen proaktiven Instrumenten der Unternehmenskommunikation, die die Kunden ansprechen, wie Direkt-Mails, Telefonanrufe, E-Mails und Online-Kommunikation, sowie reaktiven Instrumenten der Unternehmenskommunikation, die auf die Wünsche und Fragen der Kunden eingehen, wie Servicetelefone/Hotlines, Callcenter im Bereich Inbound, Coupons. Der Einsatz der genannten Instrumente sollte immer geplant und formal, zeitlich und inhaltlich aufeinander abgestimmt werden. Warum dies so wichtig ist und in der Literatur als „integrierte Kommunikation" bezeichnet wird, klärt das folgende Unterkapitel.

4.1.4 Warum Unternehmenskommunikation strategisch geplant werden sollte

Wie in Abschn. 4.1.1 beschrieben, sollten interne und externe Kommunikation im Unternehmen strategisch geplant werden, um ihre gesetzten Ziele zu erreichen. Mast (2013, S. 113) nennt einige Argumente, warum ein strategisches Vorgehen für die Unternehmenskommunikation so wichtig ist und Entscheidende gut daran tun, sich nicht mehr auf ein Gefühl oder eine plötzliche Idee in der Kommunikation zu verlassen.

- Die Kommunikationsfähigkeit eines Unternehmens muss sich an neue Anforderungen wie Schnelligkeit und Flexibilität anpassen. Hinzu kommt die Globalisierung, die auch immer höhere Ansprüche an die Unternehmen stellt.
- Verantwortliche im Management möchten immer häufiger Ergebnisse für ihre Ausgaben in die Unternehmenskommunikation sehen. Klare Ziele und messbare Erfolgskriterien

spielen eine große Rolle, wenn die Unternehmenskommunikation ihren Beitrag zur Wertschöpfung aufzeigen will. Damit werden eine systematische Vorgehensweise und eine klare Budgetausrichtung immer wichtiger.
- Unternehmen möchten durch Kommunikation stabile Beziehungen zu ihren Stakeholdern aufbauen und wahren. Mit einer geplanten Kommunikationsstrategie werden sie dieses Ziel eher erreichen als durch ungeplanten Aktionismus. Auch im Fall von einem Personalwechsel in der Leitungsebene oder einer kritischen Situation im Unternehmen oder in seinem Umfeld kann mit einem klaren Kommunikationskonzept schneller und glaubwürdiger gehandelt werden.

Um die Kommunikationsziele und damit auch die Unternehmensziele zu erreichen, ist es wichtig, dass alle Kommunikationsinstrumente einheitlich geführt werden und das Unternehmen so ein konsistentes Bild nach außen kommuniziert. Bruhn (2009, S. 22) hat hierfür den Begriff der „Integrierten Kommunikation" definiert:

> „Integrierte Kommunikation ist ein strategischer und operativer Prozess der Analyse, Planung, Durchführung und Kontrolle, der darauf ausgerichtet ist, aus den differenzierten Quellen der internen und externen Kommunikation von Unternehmen eine Einheit herzustellen, um ein für die Zielgruppen der Kommunikation konsistentes Erscheinungsbild des Unternehmens beziehungsweise eines Bezugsobjektes der Kommunikation zu vermitteln".

Diese Definition der „Integrierten Kommunikation" beinhaltet verschiedene Merkmale, die Bruhn (2011, S. 99) wie folgt erklärt:

- Durch das Konzept der „Integrierten Kommunikation" soll die Kommunikationsarbeit eines Unternehmens so ausgerichtet werden, dass eine strategische Positionierung des Unternehmens im Kommunikationswettbewerb erreicht wird.
- Die „Integrierte Kommunikation" ist ein Managementprozess, der mit den Instrumenten Analyse, Planung, Durchführung und Kontrolle arbeitet, die gemeinsam eine Integration ermöglichen.
- Die „Integrierte Kommunikation" wird in Abhängigkeit und Anlehnung an die Markenstrategie des Unternehmens gestaltet.
- Die „Integrierte Kommunikation" umfasst alle internen und externen Kommunikationsinstrumente und bezieht alle Zielgruppen des Unternehmens mit ein. Hierbei sind jeweils die spezifischen Funktionen des Instrumentes sowie die Bedürfnisse der Zielgruppen zu berücksichtigen.
- Die „Integrierte Kommunikation" soll eine Einheit der Kommunikation schaffen.
- Die „Integrierte Kommunikation" ist dann wirksam, wenn durch den gemeinsamen Auftritt Synergiewirkungen erzielt werden konnten und somit ein effektiverer und effizienterer Einsatz des Kommunikationsbudgets erfolgte.
- Im Ergebnis ist die „Integrierte Kommunikation" darauf bezogen, ein inhaltlich, formal und zeitlich einheitliches Erscheinungsbild des Unternehmens bei den Zielgruppen zu

erzeugen. Ihr Ergebnis ist eine widerspruchsfreie und glaubwürdige Kommunikation, die das Entscheidungsverhalten der Zielgruppen positiv beeinflusst.

Daraus lassen sich fünf Aufgaben der „Integrierten Kommunikation" ableiten, die im Unternehmen erfüllt werden müssen, damit die „Integrierte Kommunikation" ihre Ziele erreichen kann:

1. Planerische Integrationsaufgaben
2. Organisatorische Integrationsaufgaben
3. Personelle Integrationsaufgaben
4. Kulturelle Integrationsaufgaben
5. Informationelle Integrationsaufgaben (Bruhn 2011, S. 100).

Nach Bruhn (2009, S. 167) ist der Managementprozess der Gesamtkommunikation (Top-down-Planung) an den klassischen Managementkreislauf angelehnt. Aus den Schritten Analyse, Planung, Durchführung und Kontrolle wird ein Kommunikationskonzept erarbeitet, das individuell auf die jeweilige Unternehmenssituation zugeschnitten ist (vgl. Abb. 4.2).

Danach beginnt der Planungsprozess mit einer Analyse der gesamten Kommunikationssituation, wobei es wichtig ist, die Unternehmensziele und die Unternehmensstrategie

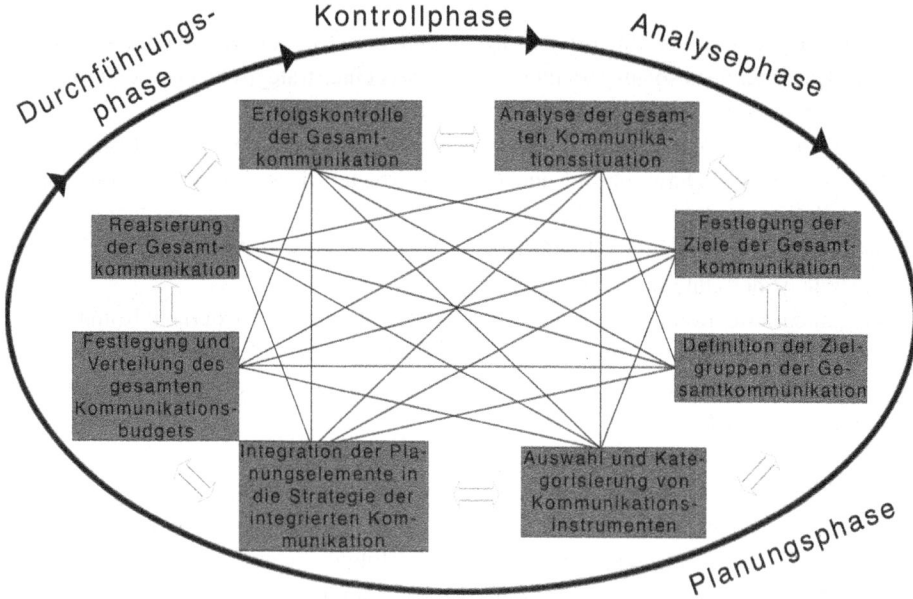

Abb. 4.2 Managementprozess der Gesamtkommunikation (Top-down-Planung) (Quelle Bruhn 2009, S. 167)

in die Kommunikationsanalyse mit einzubeziehen. Nur so kann die Kommunikation zur Zielerreichung der Unternehmensziele betragen. Häufig wird in der Praxis an dieser Stelle eine SWOT-Analyse (Stärken-Schwächen, Chancen-Risiken) durchgeführt, mit deren Ergebnissen im nächsten Schritt der Planungsphase die Ziele der Gesamtkommunikation festgelegt sowie die Zielgruppen der Kommunikation definiert werden.

Im nächsten Schritt werden passende Kommunikationsinstrumente ausgewählt und kategorisiert, sowie alle Planungselemente in die Strategie der „Integrierten Kommunikation" integriert. Hierbei muss in der Praxis besonders das Kommunikationsbudget beachtet werden – meistens können nicht alle passenden Instrumente realisiert werden. Dies geschieht bei der Festlegung und Verteilung des Kommunikationsbudgets.

In der Durchführungsphase wird die vorher geplante Gesamtkommunikation realisiert. Anschließend erfolgt in der Kontrollphase die Erfolgskontrolle der Gesamtkommunikation, bei der analysiert wird, ob die Maßnahmen die vorher festgelegten Kommunikationsziele erreicht haben. Die Ergebnisse aus dieser Phase gehen in die Analysephase des zweiten Durchgangs mit ein und führen bestenfalls zu einer weiteren Passgenauigkeit der Gesamtkommunikation in Hinblick auf die Rahmenbedingungen des Unternehmens und die Bedürfnisse der relevanten Zielgruppen.

Nach Bruhn (2011, S. 131) findet ein angepasster Planungsprozess für die einzelnen Kommunikationsinstrumente statt (Bottom-up-Planung), der anschließend mit dem Managementprozess der Gesamtplanung (Top-down-Planung) zu einer Down-up-Planung zusammengeführt wird und so eine Integration ermöglicht, die den gesamten Prozess der Kommunikation durchdringt. Nur mit einer strategisch geplanten Unternehmenskommunikation wird es dem Unternehmen gelingen, mit einem einheitlichen Bild nach innen und außen aufzutreten, widerspruchsfrei und glaubwürdig zu kommunizieren, ein positives Bild bei seinen Stakeholdern zu hinterlassen und damit seine gesetzten Kommunikationsziele zu erreichen.

> **Resümee**
>
> Zusammenfassend lässt sich festhalten, dass die erfolgreiche Unternehmenskommunikation strategisch ausgerichtet sein muss, um die für das Unternehmen relevanten Stakeholder mit den für sie wichtigen Informationen zu versorgen. Sie lässt sich in interne und externe Unternehmenskommunikation unterteilen und soll zur Wertschöpfung des Unternehmens beitragen. Weiterhin umfasst sie das Management durch Kommunikation und das Management der Kommunikation. Kommunikation in Richtung der bestehenden Mitarbeiterinnen und Mitarbeiter wird als interne Kommunikation bezeichnet, externe Kommunikation geht in Richtung aller anderen Bezugsgruppen. Das strategische Kommunikationsmanagement lehnt sich an den klassischen Managementkreislauf mit den Phasen Analyse, Planung, Durchführung und Kontrolle an und unterstützt das Unternehmen dabei, mit einem einheitlichen Bild aufzutreten, widerspruchsfrei und glaubwürdig zu kommunizieren und damit seine gesetzten Kommunikationsziele zu erreichen.

Kontroll- und Lernfragen
a. Erklären Sie den Unterschied zwischen interner und externer Unternehmenskommunikation.
b. Erläutern Sie, was nach Bruhn unter ‚Integrierter Kommunikation' verstanden wird.
c. Was passiert, wenn ein Unternehmen ohne eine strategische Planung kommuniziert?
d. Welche Auswirkungen kann die Nutzung von Kommunikationsinstrumenten haben, die nicht inhaltlich, formal und zeitlich integriert angewendet werden?

4.2 Baustein 2: Zusammenhang von Kommunikation und Innovation im Unternehmen

Lernziele
Im folgenden Kapitel wird erklärt, warum kommunikative Fragestellungen in der Innovationskommunikation noch nicht durchgängig integriert diskutiert werden und welche Rollen die Kommunikationsverantwortlichen im Unternehmen in diesem Prozess einnehmen können. Dabei werden alternative Konzeptionalisierungen der Kernbegriffe Kommunikation und Innovation vorgestellt sowie anschließend der Zusammenhang von Employer Branding als Teilbereich der Unternehmenskommunikation und Innovationen erläutert.

4.2.1 Kommunikation im Innovationsmanagementprozess und Innovationen als Thema der Unternehmenskommunikation

Andersen et al. (2013, S. 82f.) halten fest, dass innerhalb von Innovationsprozessen die interne Kommunikation, insbesondere die Führungskräftekommunikation, stark an Bedeutung gewinnt. Die Autoren stellen heraus, dass Führungskräfte einen hohen Einfluss auf den Unternehmenserfolg haben und das Wesen eines Unternehmens vor allem durch interpersonale Kommunikation prägen. Deshalb ist für die Autoren eine Führungskraft der Schlüssel, um Innovationen voranzutreiben und langfristig im Unternehmen und vor allem in den Köpfen der Beschäftigten zu implementieren.

Für Zerfaß (2009, S. 23) findet das Handeln der einzelnen Akteure im Innovationsprozess genauso wie das Zusammenspiel mit internen sowie externen Stakeholdern vor dem Hintergrund kognitiver Schemata, Regeln und Ressourcenverteilungen statt. Diese legen dabei fest, was neue Produkte und Dienstleistungen, Prozesse und Technologien bedeuten, wem sie nutzen und wie sie bewertet werden. Der Autor erklärt, dass diese Strukturen in Kommunikationsprozessen geschaffen, reproduziert und modifiziert werden.

Für den Autor wird Kommunikation zu einem konstitutiven Element der Innovation und Kommunikationsverantwortliche müssen in die konkreten Handlungskontexte des Innovationsmanagements einbezogen werden, damit der Prozess erfolgreich verlaufen kann.
Dabei nehmen die Kommunikationsverantwortlichen verschiedene Rollen ein:

- Expert Publisher und Idea Generator: Diese navigieren innerhalb der etablierten Spielregeln
- Communication Enabler und Devil's Advocat: Diese wirken am Aufbau aber auch an der Zerstörung von Denkmustern und Interpretationsschemata mit

Zerfaß (2009, S. 24) kritisiert, dass in Unternehmen in vielen Fällen nicht über das Thema Innovation gesprochen wird und dass Kommunikationsprozesse nur selten systematisch mit dem Innovationsmanagement verbunden sind. Diese Verzahnung fehlt nach Ansicht des Autors sowohl in der Praxis als auch in der Forschungsliteratur – eine ganzheitliche Auseinandersetzung mit der Kommunikation als Baustein des Innovationsmanagements findet seiner Analyse nach nicht statt.
Allerdings finden kommunikative Fragestellungen in Teilbereichen des Innovationsmanagements doch statt – ohne aber in den betrachteten Einsatzfeldern integriert diskutiert zu werden:

1. Im Informations- und Wissensmanagement bei der Generierung von Ideen (siehe Abschn. 3.2.2). Wenn es um die Voraussetzung für neuartige Faktorkombinationen geht, wird in der Literatur immer Kommunikation mit genannt.
2. Bei der Diffusi3on und Durchsetzung von Innovationen, auch bei deren Vermarktung, spielt Kommunikation in der Literatur eine wichtige Rolle.

Zerfaß (2009, S. 26) fasst zusammen, dass die Kommunikation trotz ihrer zentralen Bedeutung für den Innovationserfolg in der Literatur bislang nicht systematisch untersucht wurde. Bei ersten Ansätzen in diese Richtung wird deutlich, dass Information, Wissen und Kommunikation immer als Instrumente des Innovationsmanagements verstanden werden. Diese Tools können demnach zweckgerichtet eingesetzt werden, sind aber nicht alternativlos und können deshalb in manchen Situationen auch wegfallen.
Nach einer kritischen Reflexion des Kommunikations- und Innovationsverständnisses in der Betriebswirtschaftslehre fasst Zerfaß mehrere grundlegende Erklärungsmuster für Kommunikation und Innovation zusammen (siehe Tab. 4.1).
Dabei merkt der Autor an, dass weite Teile der Innovationsforschung Kommunikation als Transmission und Innovation als Artefakte verstehen: Auch die rare sozialwissenschaftliche Forschung zur Innovationskommunikation arbeitet in den meisten Fällen mit dem tradierten, gegenständlichen Begriff der Innovation.
Nach Giddens interpretiert Zerfaß (2009, S. 40) anschließend den sozialen Wandel aus strukturationstheoretischer Perspektive als Verschiebung von Regeln und Veränderungen

Tab. 4.1 Alternative Konzeptionalisierungen der Kernbegriffe

Kommunikation als…	Innovation als…
Transmission Unternehmen übermitteln objektive Informationen mittels Medien zielgerichtet an relevante Stakeholder; dieser Stimulus führt zur Übertragung von Bedeutung und soll erwünschte Reaktionen (Wissen, Einstellungsänderungen, Verhalten) hervorrufen. Kommunikation ist eine spezifische Form von Verhalten, die weitgehend durch systematische Zusammenhänge und psychologische Motive geprägt wird.	**Artefakte** Innovationen sind qualitativ neuartige Produkte oder Prozesse, die von einem Unternehmen (bzw. dessen Führungskräften) als neu gekennzeichnet werden und sich auf dem Markt oder in der Organisation durchsetzen. Das innovative Angebot trifft auf dem Markt auf die Nachfrage verschiedener Akteure und wird von diesen in unterschiedlicher Weise eingesetzt.
Wirklichkeitskonstruktion Unternehmen und Stakeholder konstituieren durch aufeinander bezogene Mitteilungs- und Verstehenshandlungen soziale Interaktionen, die sich auf geteilte symbolische Strukturen (kommunikative Schemata und Kompetenzen) beziehen und eine Verständigung als Voraussetzung der gegenseitigen Einflussnahme bezwecken. Kommunikation ist Ausdruck interessengeleiteten Handelns, bei dem Wahrnehmung und Orientierung subjektiv geprägt sind, Bedeutung und Wirklichkeit jedoch sozial konstruiert werden.	**Soziale Konstrukte** Innovationen sind technische, ökonomische oder soziale Neuerungen, die eine Änderung sozialer Praktiken beinhalten und denen von den beteiligten Akteuren kollektiv eine über kontinuierliche Anpassungsprozesse hinausgehende Neuheit zugesprochen wird. Geteilte Bedeutungsmuster sind demnach eine Voraussetzung für Neuerungen; zugleich wird die Bedeutung von Technologien, Innovationen und Märkten bzw. Wertschöpfung erst in sozialen Interaktionen konstruiert.

(Quelle: Zerfaß 2009, S. 36)

der Ressourcen im Zeitverlauf und macht deutlich, welche grundlegende Rolle die Kommunikation in diesem Prozess einnimmt. Bedeutung und Wirklichkeit wird in kommunikativen Interaktionen zwischen Unternehmen und seinen internen wie externen Stakeholdern konstruiert – dieser Prozess ist Voraussetzung für Neuerungen. Daneben entsteht die Bedeutung von Technologien, Innovationen und Märkten bzw. Wertschöpfungen ebenso erst in sozialen Interaktionen zwischen allen Akteuren. Damit wird die Kommunikation ein konstitutives Element im Innovationsmanagement und erhält in allen Phasen des Innovationsprozesses neue, erweiterte Aufgaben.

Für Zerfaß (2009, S. 45ff.) ergeben sich daraus neue Anforderungen und Rollen für Kommunikationsmanager in der Innovationskommunikation. Hierbei sind verschiedene Kompetenzen gefragt, sie sich nicht in ein einziges Profil zusammenfügen lassen. Aus diesem Grund müssen Kommunikationsmanagerinnen je nach Situation mehrere Rollen übernehmen. Hierfür relevant sind zunächst die Adressaten. In der Innovationskommunikation soll entweder die Wahrnehmung von Stakeholdern beeinflusst (outbound) oder das Unternehmen selbst und seine Entscheidungsprozesse verändert werden (inbound). Für

4.2 Baustein 2: Zusammenhang von Kommunikation und Innovation im Unternehmen

die zu übernehmende Rolle auch entscheidend sind die vorhandenen Strukturen. Entweder orientiert sich die Innovationskommunikation an etablierten Regeln und Ressourcen und innerhalb der sozial verankerten Bedeutungsrahmen und Stakeholder-Kompetenzen (implementing). Oder die Innovationskommunikation zerstört oder verändert die bisherigen Bezugssysteme und betritt neue Wege, um die Wirklichkeit zu rahmen und damit möglichst günstigere Voraussetzungen für das Folgehandeln zu schaffen (structuring)

In den Rollen des Expert Publisher und des Idea Generator bewegen sich Kommunikationsexpertinnen in sozial etablierten Strukturen. Beim Expert Publisher orientieren sie sich an strukturellen Bedingungen der Meinungsbildung und versuchen, bei internen und externen Stakeholdern erfolgversprechende Bedeutungsmuster zu aktualisieren (implementing/outbound). Der Idea Generator erfasst nach Zerfaß das Können und Wissen interner und externer Stakeholder kommunikativ und versucht dadurch dem Unternehmen selbst kognitive Impulse für Neuheiten zu verschaffen (implementing/inbound).

In der Rolle des Communication Enabler bzw. des Devil's Advocate gehen die Kommunikationsmanager neue Wege. Als Communication Enabler verändern sie gezielt die Strukturen der Kommunikation über (potenzielle) Neuheiten, um die Interaktionen des Unternehmens mit internen und externen Stakeholdern zu befördern (structuring/outbound). Als Devil's Advocate ist ihre Aufgabe das konstruktive Aufbrechen alter Denkmuster, Handlungsweisen und Ressourcenverteilungen, um Entscheidungsprozesse des Unternehmens mit neuem Denken zu befruchten (structuring/inbound).

Die von Zerfaß skizzierte Rollenvielfalt (siehe Abb. 4.3) ist für die Kommunikationsverantwortlichen im Unternehmen Chance und Herausforderung gleichzeitig. Dadurch macht der Autor deutlich, wie wichtig es ist, Innovations- und Kommunikationsprozesse

Abb. 4.3 Grundlegende Rollen und beispielhafte Strategien/Instrumente von Kommunikationsexperten im Innovationsmanagement (Quelle Zerfaß 2009, S. 46)

sowie deren Manager im Unternehmen zu verbinden. Beide Manager sollten sich hierbei von tradierten Verständnissen lösen und bereit sein, neue Fähigkeiten zu entwickeln.

4.2.2 Employer Branding und Innovation

Wie in Abschn. 2.2.1 angesprochen, können Sozialinnovationen das Employer Branding, also die Bildung einer starken Arbeitgebermarke, verbessern. In dem folgenden Kapitel soll nun die Attraktivität von innovationsgenerierenden Unternehmen als Arbeitgeber dargestellt werden. Dafür wird zunächst definiert, was unter Employer Branding zu verstehen ist, um dann auf den Wert der Innovationsgenerierung als Argument bei der Entscheidung für einen Arbeitgeber einzugehen.

Die demografische Entwicklung der Gesamtbevölkerung der Bundesrepublik Deutschland ist von einer verstärkten Alterung der Bevölkerung sowie einem damit verbundenen Rückgang der erwerbsfähigen Bevölkerung geprägt (Statistisches Bundesamt 2015). Dies bedeutet für Unternehmen eine Alterung der Belegschaft und den Rückgang der Auszubildenden sowie der qualifizierten Fach- und Führungskräfte (Immerschitt und Stumpf 2014, S. 3). Einige Branchen und Berufsgruppen, wie die Hotellerie/Gastronomie, die Pflegeberufe und die MINT-Berufe, haben mit dieser Entwicklung schon seit vielen Jahren zu tun, andere Branchen bekommen die Folgen erst seit kurzem zu spüren. In der aktuellen Konjunkturumfrage des DIHK zum Jahresbeginn 2015 nennen 38 Prozent der befragten Unternehmen das knappe Angebot an qualifiziertem Personal als Geschäftsrisiko für die kommenden zwölf Monate. Der Unterschied zum Jahr 2010 ist deutlich: Damals nannten nur 16 Prozent der Befragten diesen Bereich als Geschäftsrisiko. Besonders betroffen sind die kleinen und mittelständischen Unternehmen (KMU). In einer Studie der QRC Group AG (2014, S. 3ff.) gaben 57 Prozent der befragten Unternehmen aus dem Mittelstand an, dass sie den Fachkräftemangel vor allem in speziellen Bereichen und Themenfeldern stark spüren. Besonders bemerkenswert ist dabei, dass die Bewerbungen sowohl in Qualität als auch in der Anzahl abgenommen haben.

Immer mehr Unternehmen wollen dieser Entwicklung entgegenwirken und gute Beschäftigte halten sowie neue Talente gewinnen. Sie positionieren sich positiv auf dem Arbeitsmarkt, d.h. sie schaffen eine starke Arbeitgebermarke (Immerschitt und Stumpf 2014, S. 35). Der Bundesverband der Personalmanager (2013, S. 15) definiert einen Employer Brand als ein fest verankertes, unverwechselbares Vorstellungsbild von einem Unternehmen als attraktiver Arbeitgeber. Diese Arbeitgebermarke soll sowohl in den Köpfen der aktuellen Beschäftigten als auch bei potenziellen Mitarbeiterinnen und Mitarbeitern entstehen. Unter Employer Branding verstehen Stotz und Wedel-Klein (2013, S. 8) den Teil des strategischen Human Capital Managements, der das Besondere des Unternehmens als Arbeitgeber erarbeitet, operativ umsetzt und sowohl nach innen als auch nach außen kommuniziert. Die Autoren unterscheiden

- Das interne Employer Branding, das auf der Instrumentenebene HR-Produkte und -Prozesse, Mitarbeiterführung sowie die Gestaltung der Arbeitswelt umfasst.

- Das externe Employer Branding, das aus Networking sowie einem professionellen Bewerbermanagement besteht.

In diesem Sinne kann Employer Branding als Scharnierfunktion zwischen Personalmanagement und Unternehmenskommunikation verstanden werden. Denn nur, wenn beide Bereiche gut zusammenarbeiten, entsteht eine starke Arbeitgebermarke und kann sichtbar gemacht werden. Aus der Unternehmenskommunikation übernimmt Employer Branding die strategische Ausrichtung sowie die einzelnen Kommunikationsinstrumente, die individuell an die Bedürfnisse des jeweiligen Unternehmens angepasst werden (siehe Abschn. 4.1.1). Aus dem Personalmanagement kommen die Inhalte für die Kommunikation. Hierunter sind die Instrumente für die Personalentwicklung wie Weiterbildung und Einbeziehung der Beschäftigten sowie der Gestaltung der Arbeitsplätze und Arbeitszeiten möglichst nach den Wünschen der Beschäftigten zu verstehen. Demnach kann zusammenfassend gesagt werden, dass eine attraktive Arbeitgebermarke nur durch das Zusammenspiel der internen und externen Kommunikation in Verbindung mit den Instrumenten des Personalmanagements entstehen kann.

Ein Unternehmen kann seine Arbeitgebermarke auch durch die Generierung von Innovationen stärken. Wie in Abschn. 2.2.1 angesprochen, kann der Humanbereich Gegenstand von Innovationen sein. Die sogenannten Sozialinnovationen betreffen die Beschäftigten und ihr Verhalten im Unternehmen. Im Mittelpunkt stehen dabei die Erfüllung sozialer Ziele wie die Erhöhung der Arbeitszufriedenheit, die Verbesserung des Unfallschutzes und die Arbeitsplatzsicherheit (Vahs und Brem 2015, S. 59). Wenn Innovationen, die diese Bereiche betreffen, intern sowie extern an die Stakeholder kommuniziert werden, wirken sie sich positiv auf die Arbeitgebermarke des Unternehmens aus, da viele Menschen gerne bei einem Arbeitgeber arbeiten, dem die Beschäftigtenzufriedenheit und die professionelle Ausgestaltung des Arbeitsplatzes wichtig sind. Bei der Generierung von Sozialinnovationen kommt es auch auf die Zielgruppenpassung an – d. h. die Beschäftigten sollten ihre Ideen in den Prozess einfließen lassen können. Dies kann durch Instrumente der internen Kommunikation geschehen. Eine Beschäftigtenbefragung und/oder ein Ideenmanagementsystem im Unternehmen können hier relevanten Input liefern.

Um potenzielle Beschäftigte für das Unternehmen als künftigen Arbeitgeber zu interessieren, können die erläuterten Sozialinnovationen ein interessantes Thema sein. Hierzu kann die externe Kommunikation mit Instrumenten wie Pressemitteilungen, die Unternehmenswebseite oder die Recruitingseite auf einem Social Media Network wie Facebook genutzt werden. Auch die bereits Beschäftigten können als Multiplikatorinnen und Multiplikatoren in ihre Bezugsgruppen wirken und so interessante Talente über relevante Sozialinnovationen informieren.

Aber auch die anderen, in Abschn. 2.2.1 vorgestellten, Arten von Innovationen können positiv auf die Arbeitgebermarke einzahlen. Unternehmen, die eine ausgeprägte Innovationskultur haben und denen die in Tab. 2.9 genannten Merkmale einer Innovationskultur Systemoffenheit, Freiraum, offener Informations- und Kommunikationsstil, Konfliktbewusstsein und Risikobereitschaft sowie Beschäftigtenförderung wichtig sind, können und sollten diese als Argumente im Employer Branding einsetzen. Viele Menschen wollen in einem innovativen Unternehmen mit einer entsprechenden Kultur arbeiten und suchen ganz gezielt nach Unternehmen, die ihnen einen solchen Arbeitsplatz bieten.

Ohne eine deutliche Positionierung als innovatives Unternehmen werden aber gerade potenzielle Talente von der Innovationsstärke des Unternehmens keine Kenntnis bekommen. Denn nur wer die Stärken eines Unternehmens im Bereich Innovation kennt, wird darüber nachdenken, sich bei diesem Unternehmen aufgrund seiner Innovationsstärke zu bewerben. Um sichtbar zu werden, müssen diese Aspekte mit Hilfe von Instrumenten der Unternehmenskommunikation kontinuierlich kommuniziert werden und somit den Aufbau einer starken Arbeitgebermarke unterstützen.

Resümee

Interne und externe Kommunikationsprozesse spielen im Innovationsmanagement eine bedeutende Rolle, werden aber nach Zerfaß (2009, S. 24) in vielen Teilbereichen des Innovationsmanagements noch nicht integriert diskutiert. Dabei wird in weiten Teilen der Innovationsforschung Kommunikation als Transmission und Innovation nach der tradierten, gegenständlichen Definition verstanden. Alternativ dazu existieren die Konzepte der Kommunikation als Wirklichkeitskonstruktion sowie der Innovation als soziales Konstrukt. In diesem Verständnis wird davon ausgegangen, dass Bedeutung und Wirklichkeit in kommunikativen Interaktionen zwischen Unternehmen und dessen internen wie externen Stakeholdern konstruiert und reproduziert wird. Dieser Prozess wird als Voraussetzung für Neuerungen angesehen – daraus ergibt sich, dass Kommunikation als konstitutives Element des Innovationsprozesses betrachtet wird. Demnach kommen neue Anforderungen und Rollen auf die Kommunikationsverantwortlichen im Zusammenhang mit dem Innovationsprozess in den Unternehmen zu, die sie sowohl vor Chancen als auch vor Herausforderungen stellen. In der Praxis gilt die Verzahnung der Kommunikations- und Innovationsprozesse als erfolgsversprechend. Innovationen haben auch im Employer Branding, d. h. beim Aufbau einer starken Arbeitgebermarke, eine große Bedeutung. Diese Scharnierfunktion zwischen Personalmanagement und Unternehmenskommunikation nutzen sowohl Sozialinnovationen des unternehmerischen Humanbereichs als auch andere Innovationsarten sowie die Innovationskultur eines Unternehmens, um eine starke Arbeitgebermarke in den Köpfen der Beschäftigten sowie bei potenziellen Talenten mit Hilfe von Kommunikationsinstrumenten zu positionieren.

Kontroll- und Lernfragen

a. Welche tradierten Definitionen von Kommunikation und Innovation im Unternehmenskontext kennen Sie?

b. Erklären Sie aus konstruktivistischer Perspektive die Wirklichkeitskonstruktion durch Kommunikation. Warum sind Innovationen aus diesem Blickwinkel soziale Konstrukte?

c. Warum verändert sich durch die vorgestellten alternativen Konzeptionalisierungen der Kernbegriffe Kommunikation und Innovation die Bedeutung der Kommunikation im Innovationsprozess?
d. Welchen Stellenwert haben Innovationen im Prozess des Aufbaus und der Positionierung einer starken Arbeitgebermarke?

Literatur

Andersen, L., Engelhardt, C., & Hüls, V. (2013). ING-DIBA: Führungskräftekommunikation als Erfolgsfaktor interner Innovationskommunikation. In S. Huck-Sandhu & K. Hassenstein (Hrsg.), *Innovation – Kommunikation – Management. Wie aus neuen Ideen innovative Ansätze entstehen.* Pforzheim: Hochschule Pforzheim.

Avenarius, H. (2008). *Public Relations: die Grundform der gesellschaftlichen Kommunikation.* Darmstadt: Wissenschaftliche Buchgesellschaft.

Bruhn, M. (2009). *Integrierte Unternehmens- und Markenkommunikation. Strategische Planung und operative Umsetzung* (5. Aufl.). Stuttgart: Schäffer Poeschel.

Bruhn, M. (2011). *Unternehmens- und Marketingkommunikation. Handbuch für ein integriertes Kommunikationsmanagement* (2. Aufl.). München: Vahlen.

Bundesverband der Personalmanager. (2013). Employer Branding kompakt. Das Praxisheft für alle, die Employer Branding richtig machen, besser nutzen und neu entdecken wollen. http://www.bpm.de/sites/default/files/service_1%5B1%5D.pdf. Zugegriffen am 10.05.2016.

Immerschitt, W., & Stumpf, M. (2014). *Employer Branding für KMU. Der Mittelstand als attraktiver Arbeitgeber.* Wiesbaden: Springer Gabler.

Klaffke, M. (2011). *Generationen-Management-Konzepte, Instrumente, Good-Practice-Ansätze.* Wiesbaden: Springer Gabler.

Klöfer, F. (2003). *Erfolgreich durch interne Kommunikation. Mitarbeiter besser informieren, motivieren und aktivieren* (3. Aufl.). Luchterhand: Kindenheim.

Lies, J. (2008). *Public Relations. Ein Handbuch.* Konstanz: UVK.

Lies, J. (2010). Unternehmenskommunikation. In Springer Gabler Verlag (Hrsg.), *Gabler Wirtschaftslexikon.* Stichwort: Unternehmenskommunikation.: http://wirtschaftslexikon.gabler.de/Definition/unternehmenskommunikation.html

Ludwig, A. (2008). *Unternehmenskommunikation. Frauen und Führung.* München: Grin.

Mast, C. (2013). *Unternehmenskommunikation* (5. Aufl.). Konstanz/München: UVK Verlagsgesellschaft.

Nelke, A., & Sievert, H. (2013). Interne Web 1.0- und Web 2.0-Kommunikation im AA und bei der Deutschen Lufthansa – ein Exkurs am Beispiel Change. In A. Nelke, H. Sievert, & B. Tipon (Hrsg.), *Karrierewege als Thema der internen Kommunikation. Befragungen der Beschäftigten und Inhaltsanalyse der internen Medien im Auswärtigen Amt.* Wiesbaden: Springer.

Pett, J. (2008). Wie Arbeitgebermarken intern belebt und nach aussen getragen werden. *HR Today,* (4), 56–58.

Picot, A., Reichwald, R., & Wigand, R. T. (2008). *Die grenzenlose Unternehmung. Lehrbuch. Information, Organisation und Management. Unternehmensführung im Informationszeitalter.* Wiesbaden: Gabler.

Piwinger, M., & Zerfaß, A. (2007). *Handbuch Unternehmenskommunikation.* Wiesbaden: Springer Gabler.

QRC Group AG. (2014). HR-Trends im Mittelstand. http://www.qrc-group.com/2014/05/aktuelle-qrc-studie-hr-trends-im-mittelstand-2014/. Zugegriffen am 10.05.2016.

Rolke, L. (2005). Kennziffernsystem für die wertorientierte Unternehmenskommunikation: Das CommunicationControlCockpit (CCC). In J. Pfannenberg & A. Zerfaß (Hrsg.), *Wertschöpfung durch Kommunikation*. Frankfurt: Frankfurter Allgemeine Buch.

Scholz, C. (2014). *Generation Z – Wie sie tickt, was sie verändert und warum sie uns alle ansteckt.* Weinheim: Wiley-VCH.

Statistisches Bundesamt. (2015). Bevölkerung Deutschlands bis 2060. 13. koordinierte Bevölkerungsvorausberechnung. https://www.destatis.de/DE/Publikationen/Thematisch/Bevoelkerung/VorausberechnungBevoelkerung/BevoelkerungDeutschland2060Presse5124204159004.pdf?__blob=publicationFile. Zugegriffen am 10.05.2016.

Stotz, W., & Wedel-Klein, A. (2013). *Employer Branding: Mit Strategie zum bevorzugten Arbeitgeber*. München: Oldenbourg Wissenschaftsverlag.

Vahs, D., & Brem, A. (2015). *Innovationsmanagement. Von der Idee zur erfolgreichen Vermarktung* (5. Aufl.). Stuttgart: Schäffer Poeschel.

Zerfaß, A. (2009). Kommunikation als konstitutives Element im Innovationsmanagement. Soziologische und kommunikationswissenschaftliche Grundlagen der Open Innovation. In A. Zerfaß & K. M. Möslein (Hrsg.), *Kommunikation als Erfolgsfaktor im Innovationsmanagement. Strategien im Zeitalter der Open Innovation*. Wiesbaden: Gabler.

Nachhaltigkeit und Innovation 5

Zusammenfassung

Unter Nachhaltigkeit wird ein ressourcenökonomisches Prinzip verstanden, das gewährleistet, dass ein System in seiner Funktionalität dauerhaft aufrechterhalten werden kann. Hierbei werden ökonomische, ökologische und soziale Nachhaltigkeiten unterschieden. Sowohl ökologische als auch ökonomische und soziale Aspekte spielen hierbei eine Rolle. Gerade im Zusammenhang mit der Bildung einer starken Arbeitgebermarke (Employer Branding) wird die soziale Dimension, die z. B. Arbeitsschutz und Arbeitsbedingungen beinhaltet, immer wichtiger. Unter nachhaltigen Innovationen sind unternehmerische Neuerungen zu verstehen, bei denen eine nachhaltige Idee bis zur Marktdurchdringung entwickelt wird. Es werden sechs Entstehungswege der nachhaltigen Innovationen, zwei Strategieausrichtungen sowie sechs Strategien zur Entwicklung von nachhaltigen Innovationen in Unternehmen unterschieden, wobei nicht in jedem Fall das Unternehmen einer nachhaltig orientierten Führung tbedarf. Das Kapitel schließt mit der Vorstellung von vier Beispielunternehmen und deren nachhaltigem Handeln bzw. den generierten nachhaltigen Innovationen ab. Außerdem wird eine Studie vorgestellt, die die Aspekte nachhaltigen Wirtschaftens und die Kommunikation darüber in deutschen Start-ups untersucht und zu überraschenden Ergebnissen kommt. Die in diesem Kapitel von den Autorinnen aufgestellten Handlungsempfehlungen für die Kommunikation von nachhaltigen Innovationen und nachhaltigem Handeln lassen sich sicherlich auch auf Unternehmen außerhalb der Start-up-Szene übertragen.

5.1 Baustein 1: Was heißt nachhaltige Innovation?

Lernziele
In diesem Kapitel wird der Begriff Nachhaltigkeit definiert und anschließend auf die gesellschaftliche Verantwortung von Unternehmen eingegangen. Anschließend wird erläutert, was unter nachhaltigen Innovationen in Unternehmen verstanden wird und es werden sechs Entstehungswege für Nachhaltigkeitsinnovationen vorgestellt. Abschließend erklärt dieses Kapitel denkbare Strategien für nachhaltige Innovationen und zeigt mögliche Anwendungsbereiche in der Praxis auf.

5.1.1 Begriffsdefinition Nachhaltigkeit

Nachdem in Abschn. 2.1 erläutert wurde, was unter Innovationen in der Literatur verstanden wird, geht es an dieser Stelle zunächst darum zu erklären, was unter Nachhaltigkeit und gesellschaftlicher Verantwortung von Unternehmen zu verstehen ist. Pufé (2012, S. 13) definiert Nachhaltigkeit als ein ressourcenökonomisches Prinzip, das gewährleistet, dass ein System in seiner Funktionalität dauerhaft aufrechterhalten werden kann. In einer Zeit wachsender Bevölkerungen und damit steigender Nachfrage nach Produkten und Dienstleistungen, aber endlichen Ressourcen droht mittelfristig eine Ressourcenerschöpfung. Um diese Entwicklung hinaus zu zögern, sind Produkt- sowie Dienstleistungsinnovationen notwendig, die nach oben genannter Definition nachhaltig sind und damit Ressourcen schonen.

Für Balderjahn (2013, S. 30f.) werden ökonomische, ökologische und soziale Nachhaltigkeiten unterschieden. Der Autor versteht unter ökonomischer Nachhaltigkeit sichere Arbeitsplätze, faire Löhne sowie das Bezahlen von Steuern. Auch der Verzicht auf Korruption und ein Engagement in sowie die finanzielle Unterstützung der Region, in der sich der Firmensitz befindet, zählen dazu.

Nachhaltigkeit wird meistens mit Umweltschutz und Umweltverträglichkeit von Unternehmen verbunden, damit herrscht für Pufé (2012, S. 95) heute immer noch das Primat der Ökologie vor. Allerdings spielen Arbeitsbedingungen und Arbeitsschutz, also die soziale Nachhaltigkeit sowie die ökonomische Nachhaltigkeit für Unternehmen in der Praxis eine immer größere Rolle.

Wie in Abschn. 4.2.2 verdeutlich wurde, stellen Beschäftigte und zukünftige Talente ganz neue Ansprüche an (potenzielle) Arbeitgeber. Zu diesen gehören auch zuvor genannte Aspekte der Arbeitsbedingungen sowie der sozialen und ökonomischen Nachhaltigkeit. Hiermit kann zumindest ein Teil der Fokussierung auf diese Aspekte erklärt werden, denn Unternehmen, die nachhaltig handeln und diese Handlungen auch kommunizieren, können neue Märkte und weitere Zielgruppen erschließen und die Kundenbindung stärken (Balderjahn, 2013, S. 31). Auch die Arbeitgebermarke diese Unternehmen wird durch eine Ausrichtung hin zu Nachhaltigkeit profitieren.

Diese Veränderungen erklären sich auch dadurch, dass bei Verbraucherinnen und Verbrauchern bereits seit einigen Jahren ein Umdenken in Richtung nachhaltige Produkte und Dienstleistungen zu beobachten ist. Die Vergrößerung der Konsumentengruppe des Lifestyle of Health and Sustainability (LOHAs), die auf gesunde und nachhaltige Produkte Wert legt, und der Erhöhung der Nachfrage bei Bio- sowie Fairtrade-Produkten macht diese Entwicklung sichtbar (Pufé, 2012, S. 64).

5.1.2 Was versteht man unter der gesellschaftlichen Verantwortung von Unternehmen?

Unternehmen stehen in Zeiten globaler Vernetzung, immer schneller werdender Informationsflüsse und der daraus resultierenden gesellschaftlichen Veränderung vor neuen Herausforderungen, da ihre Rolle in der Gesellschaft sowie die Verantwortung, die sie tragen, immer öfter hinterfragt wird. Beispiele wie der Skandal um Kinderarbeit bei Zulieferern des Modeunternehmens H&M (Süddeutsche Zeitung, 2012) zeigen, wie schnell sich Themen der Nachhaltigkeit, in diesem Fall der sozialen Nachhaltigkeit, negativ auf ein Unternehmen und sein Image auswirken können.

Unternehmen müssen sich heute nicht mehr nur gegenüber ihren Shareholdern (Gesellschafterinnen und Gesellschafter, Aktienbesitzende) erklären, sondern müssen alle Stakeholder (siehe Abschn. 4.1.1) über ihre Arbeit und den Aspekt der Nachhaltigkeit in ihrem Tun informieren.

Groeling (2005) geht davon aus, dass von Unternehmen heute deutlich mehr erwartet wird, als „nur" Gewinne zu erbringen. Aus dieser Verantwortung heraus entwickelte sich der Begriff der Corporate Social Responsibility (CSR), der die gesellschaftliche Verantwortung eines Unternehmens meint.

Mast (2013, S. 431f.) definiert CSR als die Bereitschaft eines Unternehmens, sich mit den relevanten gesellschaftlichen Gruppen und deren Ansprüchen auseinanderzusetzen. Dieser Gedanke ist mittlerweile zu einem zentralen Faktor für unternehmerische Glaubwürdigkeit und damit auch für den unternehmerischen Erfolg geworden. Somit ist die Übernahme von Verantwortung und die Kommunikation hierzu eine strategische Notwendigkeit im Unternehmen.

Im Grünbuch der Europäischen Union aus dem Jahr 2001 (S. 7) wird CSR als Konzept definiert, dass in der Unternehmenspraxis als Grundlage dient, auf freiwilliger Basis soziale Belange und Umweltbelange in die Tätigkeit des Unternehmens und in die Wechselbeziehungen mit den relevanten Stakeholdern zu integrieren. Unternehmen werden sich dieser Verantwortung zunehmend bewusst und führen interne und externe CSR-Maßnahmen durch. Nach dem Grünbuch zählen Arbeitsschutz, sozialverträgliche Strukturen sowie Personalmanagement zu den internen CSR-Maßnahmen. Bei den externen Maßnahmen stehen die Unternehmensumwelt und die externen Stakeholder im Mittelpunkt (Grünbuch, 2001, S. 30f.).

5.1.3 Was ist eine nachhaltige Innovation?

Für Gordon und Nelke (2016) sind Verantwortung, Nachhaltigkeit und Innovation Begriffe, die so gut wie jeder gesellschaftliche Akteur, ob Großkonzern, mittelständisches Unternehmen, Start-up, öffentliche Verwaltung oder Non-Profit-Organisation, für sich in der einen oder anderen Art und Weise in Anspruch nimmt.

Die für 2017 geplante EU-Richtlinie über die Offenlegung nicht-finanzieller Kennzahlen bei kapitalmarktorientierten Unternehmen des öffentlichen Interesses ab 500 Beschäftigte wird nach Anpassung an das nationale Recht der Mitgliedstaaten einen Vergleichsrahmen für wettbewerbliche Nachhaltigkeitsleistungen durch standardisierte Mindestanforderungen schaffen.

Hier stellt sich für Unternehmen die Aufgabe, den Dreiklang der Verantwortung, Nachhaltigkeit und Innovation aus einer unternehmerischen Motivation heraus umzusetzen und dabei langfristigen Mehrwert sowie Perspektiven für das Unternehmen und die Beschäftigten zu schaffen. Dabei wollen sie es schaffen, am Markt erfolgreich zu operieren und dabei kurz- wie langfristig ökonomische, ökologische und soziale Aspekte in das unternehmerische Handeln zu integrieren.

Unter Einbezug der Definition des Begriffes der Innovation aus Abschn. 2.1.1 lässt sich zusammenfassen, dass nachhaltige Innovationen eine erstmalige wirtschaftliche Umsetzung einer nachhaltigen Idee mit dem Ziel der Wertschöpfung für das umsetzende Unternehmen sind. Hierbei lassen sich ökologische Innovationen (im Hinblick auf die Umweltverträglichkeit), ökonomische Innovationen (im Hinblick auf die Wirtschaftlichkeit) und soziale Innovationen (im Hinblick auf die Beschäftigten) unterscheiden.

Die Notwendigkeit von Nachhaltigkeit birgt für die Unternehmen auch große Chancen, sich im Vergleich zum Wettbewerb positiv zu positionieren und damit ihre Wertschöpfung zu erhöhen. Durch nachhaltige Innovationen können so Wettbewerbsvorteile entstehen, die sich anschließend auch noch positiv auf das Unternehmensimage und die Arbeitgebermarke auswirken. Damit kann Nachhaltigkeit nicht mehr nur noch als „lästiges Ökothema" (Pufé, 2012, S. 164) angesehen werden, sondern gilt als Chance für Innovationen und eine bessere Marktpositionierung.

Nach Fichter et al. (2005, S. 98 ff.) gibt es sechs Entstehungswege für Nachhaltigkeitsinnovationen:

1. *Nachhaltigkeit als dominantes Ausgangziel im Innovationsprozess*: Visionäre Unternehmen erkennen vorhandene Missstände oder Bedarfe der Zielgruppen als dringendes Problem und wollen dieses mit Innovationen lösen. Bei diesem Entstehungsweg steht die Beseitigung der Missstände bzw. die Bedarfsdeckung im Vordergrund des unternehmerischen Interesses.
2. *Nachhaltigkeit als integrales Unternehmensziel und strategischer Erfolgsfaktor*: Bei diesem Entstehungspfad wird Nachhaltigkeit als Element der Unternehmenspolitik gesehen und somit als strategischer Erfolgsfaktor wahrgenommen und in das normative Management integriert. Während des Innovationsprozesses wird die Einhaltung der Vorgaben zur Nachhaltigkeit kontinuierlich geprüft.

3. *Nachhaltigkeit als „zufällige Entdeckung" im laufenden Innovationsprozess*: Nachhaltigkeit gilt hier nicht als Ausgangsziel. Im Laufe des Prozesses wird ein Nachhaltigkeitspotenzial entdeckt, welches die angestrebte Innovation zu einer nachhaltigen Innovation macht.
4. *Nachhaltigkeitsanforderungen als mögliches Korrektiv während des Innovationsprozesses*: Sieht sich das Unternehmen durch Kritik von Stakeholdern in der Situation, eine Innovation nicht wie geplant durchsetzen zu können, kann die Einbeziehung von Nachhaltigkeitsaspekten zu mehr Erfolg führen.
5. *Nachträgliche Attribuierung von Nachhaltigkeit und Nutzen als Verkaufsargument*: In diesem Fall spielt die Nachhaltigkeit im eigentlichen Innovationsprozess keine Rolle, sondern wird erst bei der Markteinführung bzw. der Markdurchdringung als Argument für die Kommunikationspolitik genutzt. In diesem Fall ist zu prüfen, ob die nachträgliche Nutzung des Nachhaltigkeitsargumentes nicht als *green washing* von feindlich gesinnten Stakeholdern betitelt werden kann und damit möglicherweise zu Imageschäden führt.
6. *Nachhaltigkeit als „unsichtbare Hand"*: Bei diesem Entstehungsweg werden Nachhaltigkeitsaspekte von den Stakeholdern vor, während und nach dem Innovationsprozess gesehen. Damit basiert die Innovation nicht auf die beabsichtigte Einbeziehung der Nachhaltigkeit, sondern wird erst später vom Unternehmen als Argument für die Stakeholder erkannt.

In Abschn. 2.2.4 wurden für Unternehmen verschiedene Innovationsstrategien vorgestellt. Fichter et al. (2005, S. 101) unterscheiden für nachhaltige Innovationen drei mögliche Gruppen des Strategiebezugs.

1. Strategiebezug „Prozess": Hierbei beziehen sich ihre Innovationen hauptsächlich auf Produktions-, Geschäfts- oder Managementprozesse
2. Strategiebezug „Markt": Unternehmen, die diese Strategie bei der Innovationsgenerierung verfolgen, haben in erster Linie marktbezogene Zielsetzungen wie beispielsweise die Absicherung existierender Märkte, die Marktdifferenzierung oder auch die Schaffung bzw. Durchdringung neuer Märkte als Basis der Erlöserzielung.
3. Strategiebezug „Gesellschaft": Unternehmen, die für ihre Innovationen diesen Strategiebezug wählen, setzen damit entweder staatliche Vorgaben bzw. Gesetze um, oder sie verfolgen erstrangig gesellschaftspolitische Ziele wie die Entwicklung von wirtschaftlichen Alternativ- oder Gegenmodellen oder auch den Abbau von Armut.

Außerdem nennen die Autoren (Fichter et al. 2005) als weiteren Parameter zur strategischen Einteilung die Strategieausrichtung pfad-optimierend oder pfad-generierend. Dabei wird die erstgenannte Ausrichtung auf bereits existierende Produkte angewandt, die durch nachhaltige Innovationen optimiert und damit konkurrenzfähiger gemacht werden sollen. Hierbei spielen Vorteile auf dem Markt durch die Innovationen ebenso eine Rolle wie neue regulative Bestimmungen.

Tab. 5.1 Strategietypen

Strategiebezug / Strategieausrichtung	Prozess	Markt	Gesellschaft
Pfad-optimierend	Öko-effiziente Prozessoptimierung	Marktabsicherung, -differenzierung	Gesetzliche Anpassungsinnovation
Pfad-generierend	Innovatives Innovationsmanagement	Marktkreation und Marktentwicklung	Visionäre Alternativmodelle

(Quelle: in Anlehnung an Fichter et al. 2005, S. 102)

Die pfad-generierende Strategieausrichtung richtet sich an neue nachhaltige Leistungen und Technologien, die entwickelt werden. Diese Strategieausrichtung findet sich häufig bei Unternehmensneugründungen.

Ausgehend von den genannten Strategiebezügen sowie den erklärten Strategieausrichtungen erstellen Fichter et al. (2005, S. 102 ff.) die in Tab. 5.1 dargestellte Matrix der Zusammenhänge.

Dabei haben öko-effiziente Prozessoptimierungen das Ziel der Kostensenkung und der effizienteren Nutzung der vorhandenen Ressourcen, um die Wertschöpfung des Unternehmens zu erhöhen. Diese Strategie ist häufig bei Prozessen in der Produktion zu finden.

Das innovative Innovationsmanagement hat Neuerungen im Unternehmen, bei Prozessen, aber auch neue Instrumente des Innovationsmanagements selbst zum Inhalt. So können Nachhaltigkeitsanforderungen durch die Integration der Nachhaltigkeit in die Unternehmensstrukturen erreicht werden. Unterstützt wird diese Ausrichtung durch Instrumente zur Ideengenerierung, Materialauswahl, Produktanalyse sowie -bewertung. Bei dieser Strategie kooperieren die Unternehmen oft mit externen Partnern oder integrieren Stakeholder schon in den frühen Phasen des Innovationsprozesses (Beispiel T-Labs siehe Abschn. 2.2.4).

Bei der Strategie der Marktabsicherung und -differenzierung liegt der Fokus auf innovativen Instrumenten für das Management, auf der Art der Einbindung von Stakeholdern sowie auf neuen Serviceangeboten. Somit sollen Wettbewerber ausgehebelt und damit eine Differenzierung am Markt und eine Marktabsicherung geschaffen werden.

Der Strategietyp Marktkreation beschäftigt sich mit produkt- und servicebezogenen nachhaltigen Innovationen, für die ein Markt erst aufgebaut werden muss. Der Marktkreation nahe steht die Marktentwicklung für junge Produkte, die ihren Markt offensiv durchdringen und dazu neue Absatzmärkte erschließen sollen.

Bei den gesetzlichen Anpassungsinnovationen passt das Unternehmen ein Produkt an neue Vorschriften auf der regulativen Ebene an.

Die Strategie der visionären Alternativmodelle kommt häufig in Public Private Partnerships (PPP) vor. Oft stammt die Idee von Non-Profit-Organisationen, die anschließend von staatlichen Einrichtungen in der Entwicklung unterstützt werden. Hierbei soll in den meisten Fällen Armut abgebaut und gleichzeitig die Umwelt geschont werden. Auch visionäre Unternehmen engagieren sich mit dieser Strategie.

Die hier vorgestellten Ausführungen von Fichter et al. machen deutlich, dass nachhaltige Innovation nicht zwangsläufig einer nachhaltig orientierten Unternehmensführung bedarf. Allerdings steigert eine auf Nachhaltigkeit ausgelegte Unternehmensführung die Wahrscheinlichkeit, dass realisierte Innovationen nachhaltige Aspekte berücksichtigen.

Resümee

Unter Nachhaltigkeit wird ein ressourcenökonomisches Prinzip verstanden, das gewährleistet, dass ein System in seiner Funktionalität dauerhaft aufrechterhalten werden kann. Hierbei werden ökonomische, ökologische und soziale Nachhaltigkeiten unterschieden. In der Literatur wird der Begriff Nachhaltigkeit immer noch häufig mit der ökologischen Perspektive verbunden, allerdings spielen die sozialen und ökonomischen Dimensionen immer mehr eine Rolle. Gerade im Zusammenhang mit der Bildung einer starken Arbeitgebermarke (Employer Branding) wird die soziale Dimension, die z. B. Arbeitsschutz und Arbeitsbedingungen beinhaltet, immer wichtiger. Unter nachhaltigen Innovationen sind unternehmerische Neuerungen zu verstehen, bei der eine nachhaltige Idee bis zur Marktdurchdringung entwickelt wird. Es werden sechs Entstehungswege der nachhaltigen Innovationen unterschieden, wobei nicht in jedem Fall das Unternehmen einer nachhaltig orientierten Führung bedarf. Weiterhin werden eine pfad-optimierende und eine pfad-generierende Strategie unterschieden – die pfad-optimierende richtet sich auf bereits vorhandene Produkte, die optimiert werden sollen, um bessere Chancen am Markt zu haben. Die pfad-generierende Strategie wird meistens von Unternehmensneugründungen angewendet und richtet sich auf neue, nachhaltige Leistungen und Technologien, die entwickelt werden. Abgerundet wurde dieses Kapitel durch die Erläuterung von sechs Strategien zur Entwicklung von nachhaltigen Innovationen in Unternehmen.

Kontroll- und Lernfragen

a. Erklären Sie den Begriff der Nachhaltigkeit an einem Beispiel aus der Praxis.
b. Welche Aspekte der unternehmerischen Verantwortung kennen Sie und warum spielt diese eine immer größere Rolle in der Unternehmenspraxis?
c. Was wird sich diesbezüglich im Jahr 2017 für deutsche Unternehmen ändern? Welche Unternehmen sind von den Änderungen betroffen?
d. Definieren Sie den Begriff der „Nachhaltigen Innovation" und erläutern Sie ihn anhand einer Arbeitgebermarke im Praxisbeispiel.
e. Erklären Sie die sechs Entstehungswege nachhaltiger Innovationen nach Fichter et al. anhand eines jeweils gewählten eigenen Beispiels.
f. Erläutern Sie zwei Strategieausrichtungen und sechs Strategien für nachhaltige Innovationen. Finden Sie für eine Strategie ein Beispiel in der Praxis und führen Sie dieses detailliert aus.

5.2 Baustein 2: Zusammenhang von Nachhaltigkeit und Innovation im Unternehmen – Praxisbeispiele

> **Lernziele**
>
> Das folgende Kapitel zeigt an fünf Beispielen aus der Praxis, wie die Bereiche Nachhaltigkeit und Innovationen Unternehmen nach vorne bringen können bzw. wie sie zur Wertschöpfung von Unternehmen beitragen können. Hierzu werden ganz unterschiedliche Unternehmen aus verschiedenen Branchen wie der Hotellerie, der Kosmetikindustrie, dem Backhandwerk und der Kommunikation mit ihren individuellen Lösungen vorgestellt. Eine Analyse des Nachhaltigkeitsaspektes in der Kommunikation von Start-ups ergänzt die Übersicht.

5.2.1 Der Einfluss von nachhaltigen Innovationen auf die Arbeitgebermarke am Beispiel des Landgut Stober

Nelke (2016) stellt in ihrem Beitrag die gelungene Verbindung von einem nachhaltigen Produkt mit nachhaltiger Führung vor. Das Beispielunternehmen ist ein kleines Hotel in Brandenburg, dass sowohl mit dem der Branche immanenten Fachkräfteproblem als auch mit seiner nicht zentralen Lage kämpfen muss.

Die Hotellerie verzeichnete im Jahr 2014 bei den neu abgeschlossenen Ausbildungsverträgen ein Minus von 5,8 Prozent (DEHOGA 2014). Bereits 2013 beklagten rund 75 Prozent der befragten Entscheidenden aus der Hotellerie und Gastronomie einen eklatanten Fachkräftemangel bei einer Studie des Personaldienstleisters GVO Personal und der Hochschule München. Diese Zahlen zeigen, dass sich der Fachkräftemangel in der Branche zukünftig noch zuspitzen wird, denn wer heute nicht ausgebildet wird, steht morgen nicht als Fachkraft zur Verfügung.

Sicherlich spielt hierbei auch das Image der Berufe im Gastgewerbe eine Rolle: Schlechte Bezahlung und lange Arbeitszeiten verbinden viele Menschen mit diesen Berufen. Dieses Image erschwert es auch Michael Stober vom Landgut Stober in Nauen Ortsteil Groß Behnitz, gute Azubis für seinen Betrieb zu gewinnen. Er erwarb die Ruine des Landguts im Jahr 2000 und baute auf den Grundmauern der früheren Großscheune 2012 das Bio-Hotel.

Nachhaltigkeit spielt in diesem Betrieb schon von Anfang an eine große Rolle: Als erstes Bio-zertifiziertes Hotel Brandenburgs verwendet das Landgut Stober viele Produkte, die fair-trade-zertifiziert sind und viele Bioprodukte. Mit einer Photovoltaikanlage zur Stromgewinnung, einer Regenwasseranlage für alle Toiletten und zwei Hackschnitzelanlagen zur Wärmegewinnung nutzt das Haus viele regenerative Energieformen. Die 12,5 ha große Forst- und die 5,5 ha große Landwirtschaftsfläche des Betriebes liefern hier den Input. Alle 128 Zimmer sind elektrosmogreduziert, die 25 Tagungs- und Besprechungsräume sind CO_2-frei und Pharma-Kodex-zertifiziert.

Mit diesem nachhaltigen Produktangebot wurde das Landgut Stober Gewinner des Meeting Experts Green Award in der Kategorie nachhaltigste Tagungs-, Event- und

Hotellocation. Dabei werden sowohl der Tagungs- als auch der Hotelbetrieb weitgehend papierfrei geführt – Rechnungen werden zunächst auf Tablets vorbereitet und anschließend per Mail an die Gäste versendet. Damit entsprechen die vom Landgut angebotenen Produkte und Dienstleistungen bereits hohen Ansprüchen an ökologische und ökonomische Nachhaltigkeit und können damit sicherlich für die Hotel- und Gaststättenbranche als Innovationen angesehen werden.

Aber auch im Bereich der sozialen Innovationen geht das Haus mit gutem Beispiel voran: Gerade im Bereich der Arbeitsbedingungen, einer der Gründe für das schlechte Image der Gesamtbranche, möchte das Landgut neue Wege gehen. Momentan wird überlegt, für interessierte Beschäftigte die Fünftagewoche mit acht Arbeitsstunden pro Tag in eine Viertagewoche mit zehn Arbeitsstunden pro Tag zu verändern – die Beschäftigten, die sich für dieses Modell entscheiden, hätten so drei Tage pro Woche frei.

Dieses flexible Angebot soll helfen, dem oben angesprochenen Fachkräftemangel entgegen zu wirken. Denn auch für das Landgut Stober ist es nicht immer einfach, dienstleistungsorientierte junge Leute für eine Ausbildung sowie Fachkräfte zu bekommen. Momentan hat das Landgut 45 Beschäftigte und drei Auszubildende, zwei Beschäftigte davon sind schwerbehindert. Zehn Beschäftigte leben im Ort, 25 in der Region und 10–15 Beschäftigte kommen aus Berlin.

Um die bereits Beschäftigten zu halten und neue Talente zu gewinnen, wurden als soziale Innovation im Personalmanagement Instrumente so strukturiert, dass sie der Situation des Fachkräftemangels angepasst funktionieren:

1. Frauen und Männer bekommen dieselben Gehälter für vergleichbare Arbeiten.
2. Dienstpläne werden mit den Beschäftigten abgestimmt, um die individuellen Bedürfnisse bei den Arbeitszeiten einbeziehen zu können. So ist es Alleinerziehenden und Personen mit pflegebedürftigen Angehörigen besser möglich, einer Vollzeittätigkeit nachzugehen.
3. Die Beschäftigten dürfen die Fitnessanlagen des Hotels mit benutzen.
4. Es gibt ein Bonussystem, so dass besondere Leistungen auch besonders honoriert werden.
5. Das Landgut bietet den Beschäftigten regelmäßige Schulungen zu fachlichen Themen und zum Arbeitsschutz an.
6. Außerdem werden den Beschäftigten individuelle Weiterbildungsangebote gemacht – alle haben ihr eigenes Bildungskonto.
7. Pro Monat wird eine Mitarbeiterin bzw. ein Mitarbeiter des Monats gekürt – bei den hierfür relevanten Leistungen wird besonderer Wert auf Nachhaltigkeit gelegt. Die Gewinnerin bzw. der Gewinner bekommen z. B. eine freie Übernachtung zu zweit mit Dinner und Frühstück und werden gebeten, anschließend einen Bericht mit den gesammelten positiven wie negativen Erfahrungen zu schreiben.

Auch die Unternehmenskommunikation wird für das Employer Branding (siehe Abschn. 4.2.2) eingesetzt, denn die Auszubildenden kommen nicht direkt aus dem Ort. Der Geschäftsführer geht in Berliner und Brandenburger Schulen und hält Vorträge zu seinem Hotel, um geeignete Bewerberinnen und Bewerber zu finden. Außerdem werden Auszubildende gemeinsam mit dem Arbeitsamt gesucht. Bei diesen Aktivitäten stellte sich heraus, dass junge Menschen Nachhaltigkeit in Bezug auf die eigene Berufswahl unterschiedlich wichtig einschätzen. An Oberstufenzentren legten die Schülerinnen und Schüler nicht so viel Wert auf das nachhaltige Handeln ihres zukünftigen Arbeitgebers – anders auf Gymnasien: Hier spielt das Thema Nachhaltigkeit bei der Berufswahl eine große Rolle.

Auch bei der internen Kommunikation setzt das Landgut Stober bereits vieles, was in Abschn. 4.2.2 angesprochen wurde, um:

- Einmal pro Woche finden Teamleitermeetings statt.
- Zweimal pro Jahr gibt es in den Abteilungen Gespräche mit allen Beschäftigten. Hierbei werden die Punkte angesprochen, die den Beschäftigten gefallen und die, wo sie noch Verbesserungsbedarf sehen. Diese persönliche Kommunikation ersetzt die Beschäftigtenbefragung.
- Beschäftigte können jederzeit mit ihren Problemen zur Geschäftsführung kommen, um Auszubildende wird sich besonders gekümmert, dazu gehören auch Krisengespräche.
- Das Thema Lage wird dabei immer mitgedacht: Die Auszubildenden können beispielsweise einen Shuttle nach Nauen nutzen. Alle Beschäftigte bekommen weitreichende Informationen zu den Themen Mobilität (es gibt drei Beschäftigtenfahrzeuge), Bildung (alle Beschäftigte haben ihr eigenes Bildungskonto), Altersvorsorge und Unterkunft (in 2015 wurden neun Zimmer für Beschäftigte gebaut).

Nach Nelke (2016) ist das Landgut Stober damit ein gutes Beispiel für ein kleines Unternehmen in Brandenburg, das im Zusammenspiel von nachhaltigen Produkten und Dienstleistungen mit immer wieder umgesetzten nachhaltigen Innovationen in den drei Bereichen Ökologie, Ökonomie und Soziales einen ordentlichen wirtschaftlichen Erfolg erzielt. Hierbei spielen nicht nur die in Kapitel Abschn. 5.1.2 dargestellte CSR sowie die ebenfalls dort erklärte unternehmerische Verantwortung als ein Aspekt des unternehmerischen Handelns eine Rolle. Im Landgut Stober ist Nachhaltigkeit handlungsleitend für die gesamte Geschäftstätigkeit des Unternehmens – nachhaltige Innovationen sind hierbei immer wieder der Motor, noch besser zu werden.

Dass dieser Weg zum Erfolg führt, zeigen sowohl die gute Auslastung des Hotels als auch die in der Hotellerie hohe durchschnittliche Betriebszugehörigkeit von 2,5 Jahren und die Tatsache, dass bis jetzt immer alle Ausbildungsplätze durch den strategischen Einsatz von Instrumenten des Personalmanagements in Verbindung mit Instrumenten der Unternehmenskommunikation langfristig besetzt werden konnten.

5.2.2 Nachhaltiges Engagement durch Produktspenden am Beispiel der gemeinnützigen GmbH Innatura und Beiersdorf

Reichensperger (2016) stellt in ihrem Beitrag die gemeinnützige Online-Plattform Innatura vor, die seit 2012 von der Beiersdorf AG unterstützt wird. Auf dieser Plattform werden überschüssige Produkte von Unternehmen und gemeinnützigen Organisationen zusammengebracht und die logistische Abwicklung hin zu kleinen gemeinnützigen Organisationen, die die Spenden bekommen, übernommen.

Die Beiersdorf AG ist ein internationaler Konzern, der im Bereich Hautpflege erfolgreich tätig ist und auf die Gründung des Apothekers Paul C. Beiersdorf im Jahr 1882 zurückgeht. Der Konzern versteht soziale Verantwortung als Teil seiner Unternehmenskultur und übernimmt Verantwortung für die Gesundheit und Sicherheit seiner Beschäftigten. Auch der bewusste Umgang mit den knappen, natürlichen Ressourcen spielt in der Unternehmenskultur eine Rolle.

Trotzdem finden sich auch bei Beiersdorf immer wieder Produkte in den Lagern, die entgegen der konzernimmanenten Abfallvermeidungsstrategie entsorgt werden müssen. Dies sind nach Reichensperger (2016) beispielsweise Restmengen aus Promotion-Aktionen oder Ware, die aufgrund von Änderungen im Sortiment oder einer Unterfüllung nicht mehr verkauft werden können.

Auf der anderen Seite erhält das Unternehmen viele Anfragen nach Sachspenden von gemeinnützigen Organisationen und Initiativen. Eine einzelne Bearbeitung dieser inklusive der jeweiligen Prüfung der Gemeinnützigkeit sowie der sachgemäßen Verwendung der gespendeten Produkte stellte früher einen hohen administrativen und logistischen Aufwand für den Konzern dar.

Vor einer ähnlichen Situation stand Dr. Juliane Kronen, Initiatorin von Innatura im Jahr 2009, als sie von einem ehemaligen Kollegen 200.000 falsch etikettierte Shampoo-Flaschen für den gemeinnützigen Sektor erhielt. So wurde die Idee für Innatura geboren und die Plattform 2011 als gemeinnützige GmbH in Köln gegründet. Beiersdorf kam noch während der Gründungsphase 2012 mit ins Boot und konnte die Gründenden sowohl beraten als auch intern eine Zusammenarbeit im Bereich Produktspenden vorbereiten. 2013 wurde Beiersdorf durch die Unterzeichnung einer gemeinsamen Absichtserklärung eines der ersten Spenderunternehmen für Innatura. Innatura schlägt für die spendenden Unternehmen die Brücke hin zu den gemeinnützigen Organisationen, sorgt für die logistisch benötigten Leistungen und übernimmt das Qualitätsmanagement.

Damit kann eine schnelle und unkomplizierte Vermittlung fabrikneuer Sachspenden bekannter Marken an gemeinnützige Organisationen stattfinden und die Vernichtung von brauchbaren Produkten verhindert werden. Dabei müssen die Spendenempfängerinnen in Deutschland als gemeinnützige Organisation anerkannt sein und sich verpflichten, die Produkte nur im eigenen Betrieb zu verwenden oder sie kostenlos an bedürftige Menschen weiterzugeben. Die Spendenempfänger zahlen nur eine Vermittlungsgebühr an die Plattform, die zwischen 5 und 20 Prozent des Marktwertes des Produktes liegt und die mittelfristig die Betriebskosten von Innatura decken soll.

Den Spenderunternehmen ermöglicht Innatura ihrer unternehmerischen Verantwortung gerecht zu werden und langfristig einen glaubhaften Beitrag zum Gemeinwohl und zum Umweltschutz zu leisten – qualitativ einwandfreie Ware gelangt so zu Bedürftigen. Dabei ist durch das Auswahlverfahren von Innatura gewährleistet, dass die Ware nur dem bestimmten Zweck und nicht dem Schwarzmarkt zugeführt wird.

Hier geht die Kontrolle der Spendenempfänger durch Innatura über die Überprüfung der formalen Gemeinnützigkeit hinaus, da im Einzelfall abgeglichen wird, ob die bestellte Menge zum Bedarf der bestellenden Organisation passt.

Die Spenderunternehmen sparen durch ihr Engagement kein Geld ein – im Gegenteil: Eine Vernichtung von unverkäuflichen Waren wäre für die Unternehmen preiswerter. Allerdings wiegen die Vorteile eines sozialen Engagements und der Vermeidung unnötigen Abfalls für viele Unternehmen einfach höher als die Einsparungen durch eine Vernichtung der Waren.

Beiersdorf nutzt die Kooperation mit Innatura sowohl in der internen als auch in der externen Kommunikation und vermittelt so das Bild eines Unternehmens, dem Nachhaltigkeit und Abfalleinsparung tatsächlich wichtig ist. Die Beschäftigten bekommen nach Reichensperger (2016) durch verschiedene Instrumente der internen Kommunikation ein genaues Bild von dem Nutzen der Spenden für gemeinnützige Projekte. Ein Imagefilm für Innatura, den Beiersdorf unterstützt hat, wird auch intern im Konzern genutzt.

Aber auch extern kommuniziert Beiersdorf die Kooperation mit Innatura. Hierzu werden die Instrumente der externen Kommunikation (siehe Abschn. 4.1.3) Webseite, Nachhaltigkeitsbericht und GRI-Index genutzt, in dem die aufgeführten Indikatoren und Angaben tabellarisch zusammengefasst werden. Mit diesen Instrumenten konnte die nachhaltige Innovation in Form der Unterstützung von und Kooperation mit der Online-Plattform Innatura für den Ausbau des positiven Images des Konzerns genutzt werden.

In der Verbindung der Aspekte Vermeidung von Abfall und Unterstützung von bedürftigen Menschen stellt sich Beiersdorf innovativ und zum eigentlichen Unternehmenszweck passend ihrer unternehmerischen Verantwortung. Damit lässt sich die Zusammenarbeit von Beiersdorf und Innatura sowohl als ökologische als auch als soziale Innovation klassifizieren.

5.2.3 Nachhaltige Innovationen als Unternehmensausrichtung am Beispiel MÄRKISCHES LANDBROT

Wittke (2016) stellt mit MÄRKISCHES LANDBROT ein Unternehmen aus dem Bäckerhandwerk vor, bei dem aus intrinsischer Motivation heraus das gesamte Unternehmen nachhaltig ausgerichtet wurde. Die seit 1930 in Berlin Neukölln existierende Lieferbäckerei wurde 1981 durch die Übernahme von Joachim Weckmann zu einem ökologisch ausgerichteten Betrieb. Seit 1992 produziert die Bäckerei als Demeter-zertifiziertes Unternehmen. Die Bäckerei hat sich bewusst für eine Fachhandelsgebundenheit entschieden und beliefert hauptsächlich den ökologischen Fachhandel.

Auf der Firmenwebseite stellt das Unternehmen die direkten wirtschaftlichen Folgen seiner Aktivitäten sowie den durch diese Arbeit erzielten wirtschaftlichen Mehrwert dar. Dabei liegt nach Wittke (2016) der zentrale Aspekt ökonomischer Nachhaltigkeit in der wirtschaftlichen Leistung des Unternehmens. Hier wird zwischen der Wertschöpfung des Unternehmens und dem weitergegebenen ökonomischen Wert unterschieden. Die Wertschöpfung stellt dabei die Einnahmenseite dar, der weitergegebene ökonomische

Wert die Ausgabenseite, die sich in den ausgeschütteten Wert, also den Löhnen und Gehältern, den Betriebskosten, Spenden und Investitionen in die Gemeinde, Zahlungen an Kapitalgeber und Behörden (Steuern), aufgliedert.

Das Unternehmen stellt das ökonomische Gleichgewicht aus der Perspektive der Nachhaltigkeit nicht als maximale Rendite für die Shareholder dar, sondern benennt gute Produkte und Dienstleistungen, die hergestellt werden, sowie einen positiven Nutzen für die Gesellschaft, der zu stiften ist. Dabei ist der Gewinn allerdings die Voraussetzung für das Überleben des Unternehmens und trägt damit auch zum Erhalt der nachhaltigen Unternehmensauswirkungen auf die Gesellschaft bei.

Nach Wittke (2016) spiegeln sich bei MÄRKISCHES LANDBROT wirtschaftliche, ethische, soziale und ökologische Grundsätze in der Unternehmensführung wider. Dies manifestiert sich in der Selbstdarstellung, die besagt, dass das Unternehmen mit einer konsequent ökologischen Produktion mit biologisch-dynamischen Demeter-Rohstoffen zur Gesundung der Erde beiträgt und die hergestellten Produkte der Gesundheit und dem Wohlbefinden der Menschen dienen. Die Geschäftsführung ist bestrebt, die Bäckerei ökonomisch, ökologisch und sozial ausgeglichen zu führen.

Hierzu zählen auch die Prioritäten nachhaltigen Wirtschaftens, die Wittke (2016) wie folgt darstellt:

1. MÄRKISCHES LANDBROT verfügt über eine ausreichende wirtschaftliche Größe – es gibt von Seiten der Geschäftsführung keine Zielvorgaben für eine Ausweitung des Unternehmens. Die weitere Verbesserung der Produktqualität und der Nachhaltigkeit der Brotbäckerei Demeter stellen die Unternehmensziele dar.
2. Das Unternehmen stellt mindestens 10% des Jahresüberschusses nach Steuern als Spende bzw. als Sponsoring für ökologische und soziale Projekte zur Verfügung.
3. Das Unternehmen verfügt über eine Eigenkapitalquote von mindestens 50% (Verhältnis Eigenkapital zur Bilanzsumme).
4. Das Eigenkapital der Firma wird gegenüber Kapitalgebenden mit maximal 10% verzinst.
5. Der Zahlungsüberschuss der wirtschaftlichen Leistung soll nicht mehr als 15% betragen.

Wittke (2016) stellt folgende Innovationen des Unternehmens heraus:

- Historische Innovationen (vor mehr als 10 Jahren): Die Umstellung der Bäckerei in eine ökologische Bäckerei nach der Übernahme im Jahr 1981 stellte die erste Innovation dar und war ihrer Zeit deutlich voraus. Damals waren Bio-Lebensmittel noch reine Nischenprodukte. Auch der energetisch konzipierte Umzug von der Diesel- in die Bergiusstraße im Jahr 1994 kann als Innovation angesehen werden – durch ihn konnte das Unternehmen rund 60% Energie- und Emissionseinsparungen verzeichnen. Weiterhin entwickelte das Unternehmen eigene Aktivitäten wie den Runden Tisch Getreide und den Aufbau der Aktionsgemeinschaft fair & regional Berlin-Brandenburg – beides Innovationen für sich.

- Innovationen der letzten 10 Jahre: Im Jahr 2007 wurde die fair & regional-Charta entwickelt und umgesetzt. 2008 veröffentlichte die Bäckerei das erste CSR-Konzept, 2010 folgte dann eine Betriebsvereinbarung zur sozial gerechten Gestaltung des Lohngefüges mit einem Mindestlohn von 10 Euro pro Stunde. 2010 veröffentlichte die Bäckerei den Product Carbon Footprint (PCF) für alle Eigenprodukte. 2012 folgte die Auditierung und Veröffentlichung der Bilanz zur Gemeinwohlökonomie (GWÖ) als erstes Unternehmen in Berlin-Brandenburg und schloss eine Vereinbarung mit seinen Fuhrunternehmen, dass deren Angestellte (Fahrer und Kommissionierer) mindestens 8,50 Euro pro Stunde zuzüglich Zuschläge erhalten. Die den Fuhrunternehmen dadurch jährlich entstehenden Mehrkosten werden vollumfänglich von MÄRKISCHES LANDBROT übernommen. 2014 erhielt das Unternehmen die Green-Blue-Factory-Auszeichnung für Investitionen in erneuerbare Energien durch die italienische Handelskammer für Deutschland.
- Zukünftige Innovationen: Da die Stakeholder eine große Rolle bei der Unternehmensführung der Bäckerei spielen, werden ihre Interessen und Bedürfnisse auch in Innovationen einbezogen. Deshalb versteht die Geschäftsführung die Gemeinwohl-Bilanz auch als einen Stakeholder-Dialog. Die Bürgerinnen und Bürger entwickeln mit der Matrix der GWÖ gemeinsam ein Bild, was sie von einer nachhaltigen Wirtschaft erwarten. Dabei bewertet sich MÄRKISCHES LANDBROT mithilfe dieser Gemeinwohl-Bilanz und meldet die Ergebnisse an die Öffentlichkeit zurück. Durch diesen Austausch kann das Unternehmen neue Impulse aufnehmen und Herausforderungen erkennen. Entstehende Innovationen werden auch veröffentlicht und zum Nutzen des Gemeinwohls geteilt.

Auch die Unternehmensführung der Bäckerei orientiert sich an nachhaltigen Aspekten. Hierbei steht die Umsetzung des Managementansatzes des Total Quality Environmental Management (TQEM) im Vordergrund. Dabei ist das erste Ziel die Qualität – diese meint neben Prozess-, Produkt- und Servicequalität explizit die Qualität der Belange der Beschäftigten und der Gesellschaft.

Auch die Kommunikation des Unternehmens ist auf diese Aspekte ausgerichtet. MÄRKISCHES LANDBROT betreibt mit den Berliner Bäckereien kooperatives Marketing, sie beteiligen sich z. B. gemeinsam an der Aktionswoche „SAAT GUT BROT". Auf klassische Werbung wird bewusst verzichtet. Dafür legt das Unternehmen Wert auf die bestmögliche Transparenz und die Möglichkeit für Stakeholder, Einblick in das Unternehmen sowohl online als auch offline zu erhalten.

Wittke (2016) fasst zusammen, dass eine Einzelbetrachtung der Bereiche CSR, Nachhaltigkeit, Wirtschaftlichkeit bzw. der wirtschaftlichen, ethischen, sozialen und ökologischen Grundsätze nicht möglich ist, dass in dem Selbstverständnis des Unternehmens alle Aspekte miteinander eng verbunden sind und deshalb nicht separat analysiert werden können. Dies gilt auch für die beschriebenen Innovationen.

5.2.4 Nachhaltige Handlungsweise und agiles Arbeiten als Basis für Innovationen bei der Kommunikationsagentur Weber Shandwick

Schulz und Zeidler (2016) beschreiben agiles Arbeiten als Basis für Innovationen in der global agierenden Kommunikationsagentur Weber Shandwick. Dabei fordern die digitale Transformation und die daraus resultierenden Anforderungen des digitalen Wandels eine Beratungs- und Handlungsweise, die auf der einen Seite nachhaltig angelegt ist, aber sich auf der anderen Seiten auch schnell auf sich ändernde Gegebenheiten anpasst. Diesen Herausforderungen begegnet das Unternehmen durch agiles Projektmanagement und der Definition einer Strategy Map, die die Beschäftigten und das gesamte Unternehmen auf vorhandene und zukünftige Herausforderungen vorbereitet.

Das Unternehmen Weber Shandwick umfasst in Deutschland vier Standorte und hat rund 140 Beschäftigte in vier Practices sowie angegliederten Servicebereichen. Mit dieser Aufstellung muss es seine eigene Transformation gestalten und gleichzeitig eine Vorreiterrolle übernehmen, die in die Kundenberatung einfließt. Hierzu musste die künftige Strategie bestimmt und die dafür notwendigen Strukturen angepasst werden.

Für die Kunden wurden Lösungen gebraucht, die sowohl dem gesellschaftlichen als auch dem technologischen Entwicklungsstand entsprachen und über die Grenzen klassischer Kommunikation hinausgehen sollten. Hierzu wurde im Unternehmen der vorgezeichnete Weg in Teilaufgaben und Meilensteine eingeteilt, Prototypen mit immer wiederkehrenden Testläufen implementiert und eine Arbeitskultur geschaffen, die Trial & Error als Tool zur Weiterentwicklung auffasst.

Schulz und Zeidler (2016) führen aus, wie Strukturen und Prozesse eines agilen Projektmanagements (APM) in einem professionell begleiteten Change-Prozess in der Agentur eingeführt wurden. Dabei wurden Bereiche identifiziert, in denen das APM so eigesetzt werden konnte, dass es die Agentur bestmöglich auf dem Weg der Transformation unterstützt. Dazu fand sich zunächst in Berlin eine kleine Pilotgruppe zusammen, die den neuen Ansatz für die Agenturarbeit implementierbar machen sollte. Ziel war es hierbei, eine Strategie zu entwickeln, die von allen Beschäftigten in Deutschland getragen wurde und sich stringent auf das gesetzte Ziel ausrichtet. Dabei sollten die Ergebnisse smart (spezifisch, messbar, akzeptiert, realistisch und terminiert) sein.

Bereits in dem Berliner Meeting wurde die strategische Zielstellung der Kommunikationsagentur diskutiert. Auch bei Diskussionsrunden in anderen deutschen Standorten kam dieses Thema zur Sprache. Nach Schulz und Zeidler (2016) definierte Weber Shandwick in diesen Gesprächsrunden fünf Possible Success Factors (PSF), die direkt das Ziel des Unternehmens förderten: Anschließend wurden in Office Meetings, internen Mails und mit Aushängen an allen Standorten die Beschäftigten über die wesentlichen Inhalte der vergangenen Workshops informiert und um Feedback gebeten. Dabei bekamen alle die Möglichkeit, Bedenken zu äußern oder Zustimmung zu bekunden.

Zu einem PSF wurde eine Beschäftigtenumfrage durchgeführt, um die Meinungen innerhalb der Teams besser einschätzen und verstehen zu können. Anschließend wurden die zusammengefassten Ergebnisse mit der Ankündigung folgender Schritte an alle Beschäftigten kommuniziert.

In der Phase der Pilotierung wurden Projekte ins Leben gerufen, mit deren Hilfe die Agentur die neuen Prozesse und Strategien in einer „Safe to Fail"-Umgebung testen und die angedachten Lösungswege optimieren konnte. Dabei wurde für jedes PSF ein Pilotprojekt entwickelt, das auf Weiterentwicklung der Beschäftigten oder eine bessere Zusammenarbeit mit den Kunden fokussierte. Alle fünf Teilprojekte zusammen deckten alle zentralen Fokusbereiche der Agentur ab:

- Kunden
- Business Development (das Treiben von Innovationen und Neugeschäft)
- Beschäftigte
- Marketing
- Finance

Während der Pilotphase wurde eine Skill Map erstellt und implementiert. In ihr wurden alle Fähigkeiten innerhalb eines Projekt- oder Kundenteams zusammengefasst. Damit lassen sich durch den Abgleich der von den Kunden geforderten Kompetenzen passgenaue Teamkonstellationen zusammenstellen. Für die Teammitglieder wurde festgehalten, wer Experte für welchen Bereich ist, wer bereits fortgeschritten in einem Themengebiet ist und wer nur über Grundkenntnisse eines Themas verfügt. So wurde das Team in die Lage versetzt, Skill Sets aller Teammitglieder zu evaluieren und Potenziale zu identifizieren. Durch eine anschließende Tandembildung bzw. der Gründung von Lernpaaren konnte der Wissenstransfer (siehe Abschn. 3.2) zu einem bestimmten Thema ermöglicht werden. Auch individuelle Entwicklungspläne (siehe Abschn. 4.2.2) konnten mit Hilfe der Skill Maps aufgestellt werden.

Das agile Projektmanagement bei Weber Shandwick wurde durch so genannte Kanban-Boards unterstützt. Dabei stammt der Begriff Kanban aus dem Toyota Production System und ist eine Methode zur Abbildung von Prozessen. Die simpelste Form eines Kanban-Boards ist in drei Prozessstadien eingeteilt:

1. Aufgaben, die noch nicht begonnen wurden (to do)
2. Aufgaben, die sich in der Bearbeitung befinden (work in progress) und
3. Aufgaben, die erledigt sind (done)

Innerhalb eines Prozesses durchlaufen alle Aufgaben die einzelnen Stadien und werden mithilfe kleiner verschiebbarer Kärtchen entsprechend gekennzeichnet. So können unfertige Projekte visuell überwacht und die Qualität des Prozesses gesichert werden. Bei Weber Shandwick wurden die Kanban-Boards in Papierform bald digital übersetzt – diese werden in vielen Teams täglich eingesetzt.

Die Fortschritte des agilen Arbeitens dokumentiert die Agentur in ihrem jährlichen CSR-Report, der damit gleichzeitig den Transformationsprozess der Agentur transparent darstellt. Das agile Arbeiten stellt damit in erster Linie eine ökonomische Innovation dar, da sie die Geschäftsprozesse der Kommunikationsagentur verbessern soll.

Die Innovation wirkt sich aber auch direkt auf den sozialen Bereich aus, da mit dem Prinzip der agilen Arbeit auch die Bedürfnisse der Beschäftigten berücksichtigt wurden. Auch ökologische Aspekte werden durch die neue Arbeitsweise berücksichtigt und wirken sich beispielsweise durch die Einsparung von Papier als Ergebnis des Vorantreibens der digitalen Transformation aus.

5.2.5 Einfluss der Nachhaltigkeit für die digitale Außendarstellung von Start-ups

Abschließend soll eine Studie zu nachhaltigem Verhalten und nachhaltiger Kommunikation von Start-ups die Serie der Praxisbeispiele abrunden. Bittner-Fesseler und Leben (2016) stellen in ihrem Beitrag eine Umfrage bei deutschen Start-ups zu deren Kommunikation in Bezug auf CSR-Themen vor. Da davon auszugehen ist, dass zumindest aus einigen Start-ups in der Zukunft global agierende Unternehmen werden, ist es interessant, wie diese zukünftigen Taktgeber der Wirtschaft in Bezug auf nachhaltige Kommunikation ticken.

Nach den Autorinnen wird auch bei Start-ups die Kernfrage für Unternehmen gestellt, nämlich was ihr Handeln für die Gesellschaft leistet. Allerdings scheinen diese neuen Unternehmen bisher noch wenig im Fokus der Öffentlichkeit zu stehen, was die Bewertung ihres nachhaltigen Handelns angeht. Grundsätzlich genießen Start-ups in der Gesellschaft erst einmal ein positives Image und vielleicht auch so etwas wie „Welpenschutz".

Um zu prüfen, inwieweit nachhaltiges unternehmerisches Handeln bei den deutschen Start-ups eine Rolle spielt, wurden Gründende aus der digitalen Wirtschaft zum Thema des verantwortlichen nachhaltigen Handelns befragt. Hierbei wurden auch nachhaltige Innovationen einbezogen und nachgefragt, inwieweit Nachhaltigkeit in der Selbstdarstellung des Unternehmens eine Rolle spielt. Zusätzlich haben die Forscherinnen die Webseiten der befragten Unternehmen durch eine Inhaltsanalyse auf CSR- und Nachhaltigkeitsaspekte geprüft. Untersucht wurde eine Zufallsauswahl von 18 Unternehmen, von denen die überwiegende Anzahl aus der Gründungshauptstadt Berlin und die anderen aus Hamburg und Frankfurt stammten.

Interessanterweise stellte sich heraus, dass entgegen dem gesellschaftlichen Trend nachhaltiges Wirtschaften bei den meisten Start-ups in der Außendarstellung nur eine sehr geringe Rolle spielte. Nur bei fünf der 18 Start-ups finden sich Begriffe wie Umwelt, Verantwortung und Nachhaltigkeit. Sogar bei ökologisch-nachhaltig orientierten Start-ups wurde der Begriff CSR nicht erwähnt. Nur bei einem Start-up wurden in der Außendarstellung alle drei Dimensionen nachhaltigen Wirtschaftens explizit ausgeführt: die soziale, die ökologische und die ökonomische. Gar nicht thematisiert wird die Nachhaltigkeit von Innovationen.

Kommunikationsanlässe mit Nachhaltigkeitsbezug werden gar nicht kommuniziert. Beispielsweise ignoriert ein Start-up im Bereich Reisen und attraktive Strände die Aspekte Sauberkeit und Schutz der Umwelt. Ein anderes hat sich auf Pflanzen spezialisiert, thematisiert aber weder das Thema Pflanzenschutz noch den CO_2-Verbrauch durch Verpackung und Transport der Pflanzen.

Ein Ergebnis dieser Untersuchung ist es, dass die digitale Außenkommunikation der analysierten Start-ups sich sehr eindimensional mit ihren Produkten sowie ihrem ökonomischen Erfolg ausrichtet. Die unternehmerische Verantwortung für ihren Einfluss auf die Umwelt, die Menschen sowie die Wirtschaft werden nicht thematisiert.

Bittner-Fesseler und Leben (2016) fassen nach der Analyse der Webseiten zusammen, dass der Eindruck entsteht, dass die Unternehmen nach dem Gewinnprinzip unter einem primären ökonomischen Blickwinkel handeln und zumindest keinen Verweis auf nachhaltiges Handeln in ihrer Außendarstellung geben. Selbst vorhandenes, nachhaltiges Handeln wird nicht sichtbar, da die Unternehmen dieses Thema nicht aktiv kommunizieren. Daraus schließen die Autorinnen, dass den Gründenden die Vorteile nachhaltigen Wirtschaftens und seiner Kommunikation trotz aller Seminare nicht bewusst sind.

Mit acht Gründenden wurden ergänzend zur Inhaltsanalyse der Webseiten Befragungen durchgeführt. Hierbei wurde abgefragt, wie die Unternehmerinnen und Unternehmer über ihre Rolle reflektieren – planen sie auch sozial und ökologisch nachhaltig zu arbeiten oder gilt das Primat des wirtschaftlichen Erfolgs?

Die Ergebnisse der Interviews zeigen, dass die Befragten tatsächlich die Welt verändern wollen. Allerdings gehen sie davon aus, keine nachhaltigen Innovationen zu haben. Trotzdem sehen die Mehrheit der Interviewten eine Balance zwischen wirtschaftlichem Überleben und ökologisch nachhaltigen Handeln als wichtig an. Dabei konstatieren die Autorinnen, dass die Pflicht die ökonomische Tragfähigkeit des Start-ups ist und das ökologisch nachhaltige Handeln als Kür angesehen wird.

> Erst kommt das Fressen, dann kommt die Moral. Oberstes Ziel dabei ist: Dass das Startup sich wirtschaftlich trägt und überlebt. (Bittner-Fesseler und Leben 2016)

Die Autorinnen stellen einen grundsätzlichen Widerspruch heraus: Die meisten Gründerinnen und Gründer sind der Meinung, dass Nachhaltigkeit für Neugründungen grundsätzlich und besonders auch für das eigene neu gegründete Unternehmen wichtig bzw. sehr wichtig ist. Bei sechs von acht befragten Start-ups spielte der Aspekt Nachhaltigkeit schon bei der Gründung eine Rolle. Allerdings stellen die Befragten diesen Aspekt nicht nach außen heraus.

Analog gilt dies für die jeweilige Geschäftsidee: Die meisten der Befragten sagen, dass nachhaltiges Handeln ein wichtiger Bestandteil ihrer Geschäftsstrategie ist, aber auch dieses wird nicht an externe Stakeholder kommuniziert. Besonders erstaunlich ist dies, da die Mehrzahl der Gründerinnen und Gründer der Ansicht sind, dass CSR zum Erfolg ihres Unternehmens beitragen würde.

Auch beim Reporting wird der Bereich der Nachhaltigkeit ausgespart, obwohl alle Unternehmerinnen und Unternehmer die Themen CSR und Nachhaltigkeit als wichtig oder sogar sehr wichtig einschätzen. Selbst ökologisch orientierte Start-ups kennen dieser Studien zufolge den 2011 vom Rat für nachhaltige Entwicklung als Verhaltenskodex entwickelten Transparenzstandard des Deutschen Nachhaltigkeitskodex nicht.

Zusammenfassend konstatieren Bittner-Fesseler und Leben (2016), dass den untersuchten Start-ups kein Greenwashing vorgeworfen werden kann: Sie nutzen die Themen CSR und Nachhaltigkeit wenig in der digitalen Außendarstellung, obwohl sie sich in diesem Bereich engagieren und ihr nachhaltiges Handeln teilweise in der direkten Kommunikation zu Kundinnen und Kunden auf Messen auch verwenden. Damit reflektieren Start-up-Gründende zwar über die Themen CSR und nachhaltiges Handeln, nutzen dies aber zu wenig in ihrer Außenkommunikation – damit enthalten die Unternehmerinnen und Unternehmer den Stakeholdern Informationen vor.

Hierdurch entsteht laut den Autorinnen eine Diskrepanz zwischen Intention und Kommunikation. Damit nehmen sie ihren Stakeholdern die Chance, auf der Basis von Informationen selbst Auswirkungen einzuschätzen und Entscheidungen zu treffen. Und: Nachhaltig zu handeln, dies aber nicht zu kommunizieren, widerspricht dem Wunsch nach einem konsistenten Außenbild, mit dem ein Unternehmen die größte Aussicht auf einen nachhaltigen Reputationsauf- und -ausbau hat.

Die Autorinnen (2016) geben den untersuchten Unternehmen drei Empfehlungen für ihre Kommunikation:

1. Der Gedanke der Nachhaltigkeit sollte beim Profilaufbau und bei der Entwicklung der Unternehmensidentität ein Grundankerpunkt sein, damit sich das Unternehmen in der kommenden Wirtschaftswelt verargumentieren kann. Dieses Thema soll bewusst in die Unternehmenskommunikation einbezogen werden – so kann das Reputationsrisiko minimiert und die Reputationschancen optimiert werden.
2. Schon in der Gründungsphase soll das Unternehmen die Beziehungen zu relevanten Stakeholdern und deren Bedürfnisse auch in Bezug auf nachhaltiges Handeln prüfen und in das unternehmerische Handeln einbeziehen.
3. Es sollte nicht darum gehen, ob, sondern wie Start-ups nachhaltiges Handeln kommunizieren.

Weiterhin empfehlen die Autorinnen (2016) den Start-ups folgende Charakteristika für ihre Kommunikation zu den Themen CSR und Nachhaltigkeit:

- Nutzenden-zentriert: Die Interessen der Stakeholder fließen in die Darstellung des nachhaltigen Handelns mit ein.
- Informativ-zurückhaltend: Informationen richten sich an eine breite Öffentlichkeit und können sich Dritten als Multiplikatorinnen und Multiplikatoren bedienen und damit indirekt kommunizieren.
- Langfristig und transparent: Die Kommunikation erfolgt fortlaufend und von Beginn an mit überprüfbaren und vergleichbaren Inhalten.
- Faktenbasiert: Die Kommunikation ist spezifisch und liefert Hintergrundwissen mit. Es wird kommuniziert, welche Standards und Zertifizierungen in das unternehmerische

Handeln einbezogen werden. Auch Informationen zu Partnervereinbarungen mit Non-Profit-Organisationen oder Mitgliedschaften gehören dazu.
- Die Kommunikation entspricht der lokalen Kultur und dem historischen Kontext. Die Argumente der Start-ups besitzen damit eine übergeordnete Gültigkeit in einer universellen Öffentlichkeit.
- Wort = Tat = Form: CSR-Aktivitäten stimmen nachvollziehbar mit dem Charakter und den Eigeninteressen des Unternehmens überein. Wenn das nicht der Fall ist, droht die Moralfalle der Unglaubwürdigkeit zwischen rationalen Eigeninteressen und demonstrativem Gutes-Tun-Ansatz.

Die Autorinnen schließen mit einer Aussage einer Gründerin, dass neue Unternehmen besonders in Berlin grundsätzlich erst einmal gefragt würden, was sie für die Gesellschaft tun und dann bei einer überzeugenden Performance erst gefördert würden. Somit stellen sich die Autorinnen die Frage, ob Start-ups Nachhaltigkeit und CSR nur im Sinne eines normativen Drucks in ihr Mindset aufnehmen oder ob sie dies intrinsisch motiviert auch wollen.

Resümee

Die vier vorgestellten Beispielunternehmen sowie die genannte Studie im Bereich der Start-ups lenken den Blick auf verschiedene Bereiche der praktischen Umsetzung von nachhaltigen Innovationen. Im ersten Beispiel ist es einem kleinen Hotel in Brandenburg gelungen, durch nachhaltige Produkte und Dienstleistungen sowie soziale Innovationen die Folgen des für die Hotellerie bereits deutlich spürbaren Fachkräftemangels zu minimieren und durch eine nachhaltige Unternehmensführung wirtschaftlichen Erfolg zu erzielen. Das zweite Praxisbeispiel zeigt die Kooperation eines weltweit agierenden Kosmetikkonzerns mit einer gemeinnützigen Gesellschaft, um unverkäufliche, aber makellose Produkte für soziale Organisationen zur Verfügung zu stellen. Diese Innovation unterstützt sowohl ökologische als auch soziale Aspekte und hilft den beteiligten Unternehmen in ihrer glaubwürdigen Umsetzung ihrer unternehmerischen Verantwortung. Im dritten Beispiel wird ein Unternehmen vorgestellt, dass bereits seit 1981 den Gedanken der Nachhaltigkeit stringent in allen Unternehmensbereichen umsetzt. Die Produkte entsprechen allen Anforderungen an nachhaltige Backwaren, aber auch die gesamte Unternehmensführung und der Umgang mit den Beschäftigten sind durchgängig vom Umsetzen nachhaltiger Ansprüche geprägt. Im vierten Beispiel zeigt sich, wie digitale Transformation Hand in Hand mit nachhaltigem Wirtschaften gehen kann und gute wirtschaftliche Ergebnisse erzielt. Unter Einbeziehung der Beschäftigten hat sich die vorgestellte Kommunikationsagentur mittel- und langfristig zukunftsfähig aufgestellt und daraus auch noch wichtige Aspekte für die Beratung ihrer Kunden gewonnen. Abgeschlossen wird dieses Kapitel der Praxisbeispiele von den Ergebnissen einer Studie zum nachhaltigen Wirtschaften und der Kommunikation darüber in deutschen Start-ups, die mit überraschenden Ergebnissen aufwarten konnte. Obwohl die befragten Gründerinnen und Gründer alle die Themen CSR und Nachhaltigkeit als wichtig und für ihre Unternehmen erfolgsversprechend einschätzten, kommunizierten die wenigsten darüber nach außen. Die in diesem Kapitel von den Autorinnen aufgestellten Handlungsempfehlungen für die Kommunikation von nachhaltigen Innovationen und nachhaltigem Handeln lassen sich sicherlich auch auf Unternehmen außerhalb der Start-up-Szene übertragen.

Kontroll- und Lernfragen

a. Erörtern Sie den Zusammenhang von sozialen Innovationen (siehe Abschn. 2.1.2) und Employer Branding (siehe Abschn. 4.2.2) am Beispiel des Landhaus Stober aus Kapitel Abschn. 5.2.1.

b. Beschreiben Sie mögliche Instrumente der externen Kommunikation (siehe Abschn. 4.1.3), die Beiersdorf im Zusammenhang mit ihrer Unterstützung für die Innatura gGmbH (siehe Abschn. 5.2.2) nutzen kann, um ihre Stakeholder über das praktizierte nachhaltige Handeln zu informieren.

c. Ordnen Sie die in Abschn. 5.2.3 erläuterten Innovationen von MÄRKISCHES LANDBROT in die in Abschn. 2.1.2 vorgestellten Innovationstypen ein.

d. Welche Relevanz kann das agile Arbeiten aus Abschn. 5.2.4 für das Employer Branding (siehe Abschn. 4.2.2) der Kommunikationsagentur Weber Shandwick haben?

e. An welchen Stellen des Innovationsprozesses (siehe Abschn. 2.1.4.) sollten Start-ups zum Thema nachhaltige Innovation kommunizieren? Beachten Sie dabei die Handlungsempfehlungen aus Abschn. 5.2.5.

Literatur

Balderjahn, I. (2013). *Nachhaltiges Management und Konsumentenverhalten*. Konstanz: UVK Verlagsgesellschaft.

Bittner-Fesseler, A., & Leben, B. (2016). Nachhaltiges Wirtschaften in der Kommunikation von Start-ups: CSR als Chance für junge Unternehmen. In G. Gordon & A. Nelke (Hrsg.), *CSR und Nachhaltige Innovation. Zukunftsfähigkeit durch soziale, ökonomische und ökologische Innovationen*. Wiesbaden: Springer Gabler.

DEHOGA Bundesverband. (2015). DEHOGA Zahlenspiegel 1. Quartal 2015. http://www.dehoga-bundesverband.de/fileadmin/Startseite/04_Zahlen_Fakten/07_Zahlenspiegel_Branchenberichte/Zahlenspiegel/Zahlenspiegel_1__Quartal_2015.pdf. Zugegriffen am 15.05.2016.

Europäische Kommission. (2001). *Grünbuch. Europäische Rahmenbedingungen für die soziale Verantwortung der Unternehmen. KOM (2001) endgültig*. Brüssel.

Fichter, K., Paech, N., & Pfriem, R. (2005). *Nachhaltige Zukunftsmärkte: Orientierungen für unternehmerische Innovationsprozesse im 21. Jahrhundert*. Marburg: Metropolis-Verlag.

Gordon, G., & Nelke, A. (2016). Einleitung. In G. Gordon & A. Nelke (Hrsg.), *CSR und Nachhaltige Innovation. Zukunftsfähigkeit durch soziale, ökonomische und ökologische Innovationen*. Wiesbaden: Springer Gabler.

Groeling, A. (2005). *Corporate Social Responsibility – Implementierung einer amerikanischen Philosophie in die deutsche Unternehmenskultur*. Bachelor Thesis. Norderstedt: Grin Verlag.

GVO Personal GmbH., & Hochschule München. (2013). *HR-Trends in Hotellerie und Gastronomie*. Osnabrück

Mast, C. (2013). *Unternehmenskommunikation* (5. Aufl.). Konstanz/München: UVK Verlagsgesellschaft.

Nelke, A. (2016). Interne und externe Unternehmenskommunikation für nachhaltige Innovation und gesellschaftliche Verantwortung von Unternehmen am Beispiel von Employer Branding. In G. Gordon & A. Nelke (Hrsg.), *CSR und Nachhaltige Innovation. Zukunftsfähigkeit durch soziale, ökonomische und ökologische Innovationen*. Wiesbaden: Springer Gabler.

Pufé, I. (2012). *Nachhaltigkeit*. Konstanz: UVK Lucius.

Reichensperger, S. (2016). Beiersdorf: Online-Plattform ermöglicht sinnvolle Nutzung überschüssiger Produkte. In G. Gordon & A. Nelke (Hrsg.), *CSR und Nachhaltige Innovation. Zukunftsfähigkeit durch soziale, ökonomische und ökologische Innovationen*. Wiesbaden: Springer Gabler.

Schulz, C., & Zeidler, S. (2016). Agiles Arbeiten als Basis von Innovation. In G. Gordon & A. Nelke (Hrsg.), *CSR und Nachhaltige Innovation. Zukunftsfähigkeit durch soziale, ökonomische und ökologische Innovationen*. Wiesbaden: Springer Gabler.

Süddeutsche Zeitung. (2012). Die Zustände sind ein Skandal. http://www.sueddeutsche.de/medien/hm-doku-in-der-ard-von-kindern-fuer-kinder-1.1264474-2. Zugegriffen am 14.05.2016.

Wittke, N. (2016). Vom Anbau bis zur Stulle – MÄRKISCHES LANDBROT. In G. Gordon & A. Nelke (Hrsg.), *CSR und Nachhaltige Innovation. Zukunftsfähigkeit durch soziale, ökonomische und ökologische Innovationen*. Wiesbaden: Springer Gabler.

Gesamtresümee und Abschlusskontrolle 6

6.1 Resümee

Der Begriff Innovation wird bereits seit vielen Jahren sowohl in der Literatur als auch in der Praxis häufig verwendet. Auch die Bundesregierung hat sich mit ihrer 2014 veröffentlichten „Neue Hightech-Strategie für Deutschland" des Themas angenommen. Akteure aus der Wirtschaft erhoffen sich durch Innovation bessere Chancen im Wettbewerb und Lösungen für diverse Herausforderungen der heutigen Zeit. Bei den diversen Nennungen verwenden die Nutzerinnen und Nutzer des Begriffs durchaus nicht immer mit derselben Bedeutung. Aus diesem Grund ist es wichtig, sich zunächst bewusst zu machen, was eine Innovation ist und wie sie im Unternehmen geschaffen werden kann.

Deshalb beginnt das Kap. 2 mit Definitionen aus dem Bereich Innovation, Innovationsmanagement und Innovationsprozess. Dabei werden unter Innovationen in der wissenschaftlichen Literatur Ideen verstanden, die in einem Innovationsprozess mehrfach geprüft, anschließend entwickelt und getestet sowie letztendlich produziert und in den jeweiligen Markt eingeführt werden.

Alle Planungs-, Entscheidungs-, Organisations- und Kontrollaufgaben, die diesem Prozess der Praxis zugrunde liegen, werden zusammengefasst als Innovationsmanagement bezeichnet. Der Innovationsprozess setzt sich nach Müller-Pröthmann und Dörr (2014, S. 31) aus den folgenden Phasen zusammen:

1. Ideengenerierung, -entwicklung und -bewertung
2. Ideenauswahl und Kick-off zu Umsetzung eines (Vor-, Technologie-) Entwicklungsprojektes
3. Vor-/Technologieentwicklung, Machbarkeitsnachweis (Prototyp) und Kick-off für die Produktentwicklung
4. Produktentwicklungsprozess
5. Produktion und Markteinführung

Damit eine Idee wirtschaftlich erfolgreich ist und als Innovation bezeichnet werden kann, ist eine gewisse Marktdurchdringung erforderlich, d. h. die Idee muss sich wirtschaftlich behaupten und so zur Wertschöpfung ihres Unternehmens und damit zu dessen Wettbewerbsfähigkeit beitragen. Erst wenn diese Bedingung erfüllt ist, wird aus einer Idee eine echte Innovation.

Innovationen werden in der wissenschaftlichen Literatur nach verschiedenen Kriterien unterschieden. Am häufigsten finden sich die Unterscheidungen in Produkt- und Prozessinnovationen, in soziale und organisatorische Innovationen sowie in Marketing- und Geschäftsmodellinnovationen. Hartschen et al. (2015, S. 10) unterschieden Innovationen nach ihrem Neuigkeitsgrad in

- *Radikalinnovationen*: Diese Innovationen sind komplett neue und hoch wirtschaftliche Anwenderlösungen
- *Verbesserungsinnovationen*: Diese Innovationen stellen eine wesentliche Verbesserung gegenüber einer bestehenden Anwenderlösung dar
- *Routineinnovationen*: Diese Innovationen bieten einen Mehrwert für bestehende Anwenderlösungen durch zusätzliche Merkmale, Optimierung der bestehenden Eigenschaften oder durch Reduktion der Produktionskosten

Innovationsmanagement im Unternehmen umfasst nach Vahs und Brem (2015, S. 28) alle Planungs-, Entscheidungs-, Organisations- und Kontrollaufgaben im Hinblick auf Generierung und Umsetzung neuer Ideen in marktfähige Leistungen. Um diesen Prozess professionell zu managen, ist die Rolle eines Innovationsmanagers im Unternehmen wichtig. Dieser ist in der Praxis dafür verantwortlich, die einzelnen Stufen im Innovationmanagement, also den bzw. die Innovationsprozesse und die dazugehörigen Innovationsprojekte, zu steuern und zu kontrollieren.

Vor dem Durchlaufen des eigentlichen Innovationsprozesses muss ein Unternehmen zunächst seine Innovationsstrategie bestimmen – hier werden nach Müller-Pröthmann und Dörr (2014, S. 14) grundsätzlich die Push- bzw. die Pullstrategie sowie die Pionier vs. der Folgestrategie unterschieden.

Ist die Innovationsstrategie ausgewählt, beginnt der Innovationsprozess mit der Situationsanalyse und endet mit der Markteinführung des neuen Produktes bzw. der neuen Dienstleistung. Hartschen et al. (2015, S. 67) schlagen für die Umsetzungsvorbereitung ein Grobkonzept vor, das in einem Innovationssteckbrief zusammengefasst wird. Alle Phasen des Innovationsprozesses sollten von einem funktionierenden Controlling-System begleitet werden, um eventuelle Problemstellungen frühzeitig zu bemerken und gegensteuern zu können.

Die Innovationskultur eines Unternehmens ist eng mit seiner Unternehmenskultur verbunden. Sie setzt sich nach Müller-Pröthmann und Dörr (2014, S. 18 f.) aus den Merkmalen Systemoffenheit, Freiraum (für die Beschäftigten), offener Informations- und Kommunikationsstil, Konfliktbewusstsein und Risikobereitschaft sowie Beschäftigtenförderung zusammen. Die Einflussgrößen auf den Innovationserfolg werden von Vahs und Brem (2015, S. 69ff.) in vier Gruppen eingeteilt:

- innovationsspezifische,
- unternehmensinterne,
- unternehmensexterne
- und sonstige Erfolgsfaktoren

Besonders wichtig sind eine hohe Transparenz des geplanten Ablaufs sowie des aktuellen Stands des Projektes, die offene und zeitnahe Kommunikation über den Projektstatus und notwendige Veränderungen sowie intensive Abstimmungen zwischen den beteiligten Abteilungen Entwicklung, Verkauf, Service und Leistungserstellung. Der Innovationsprozess sollte dabei durch ein professionelles Innovationscontrolling begleitet und unterstützt werden. Hierbei erscheint eine prozessbegleitende Erfolgsevaluation, wie von Hauschildt und Salomo (2011, S. 367f.) vorgestellt, am besten geeignet, um eine kontinuierliche Steuerung des Innovationsprozesses zu gewährleisten. Die Autoren schlagen vor, folgende Prozessstufen in das Controlling einzubeziehen:

- Produktidee
- Forschung und Entwicklung
- Erfindung
- Marktforschung
- Produktionsentwicklung, Investition, Fertigung
- Einführung der Innovation in den Markt oder Betrieb

Durch die Entwicklung der Informations- und Kommunikationstechnologien in den letzten Jahrzehnten hat sich die Gesellschaft verändert. In der Literatur wird u. a. von einer Wissensgesellschaft gesprochen, da ein effizienter und reflektierter Umgang mit den Ressourcen Information und Wissen zu Schlüsselqualifikationen für die Individuen geworden ist. Wissen bezeichnet in diesem Zusammenhang die Kenntnisse und Fähigkeiten, die ein Individuum zur Lösung von Problemen einsetzt und wird von einem Kontinuum aus Daten und Informationen verknüpft mit der Erfahrung des Individuums gebildet. Das Management von Wissen im Unternehmen ist gerade in Zeiten des demografischen Wandels und der Fluktuation von Arbeitskräften ein zentraler Erfolgsfaktor.

In der Literatur werden verschiedene Arten von Wissen im Unternehmen unterschieden. Im Kontext des Wissensmanagements sind die Unterscheidungen in Sach- und Handlungswissen, in implizites und explizites Wissen sowie in individuelles und kollektives Wissen relevant. Die Bildung von kollektivem Wissen im Unternehmen setzt dessen soziale Verfügbarkeit voraus. Dazu muss Wissen nach Thiel (2002, S. 18 f.) kommunizierbar, konsensfähig und integrierbar sein. Wissensmanagement setzt sich nach Probst et al. (2012, S. 30) aus den Bereichen Wissensidentifikation, Wissenserwerb, Wissensentwicklung, Wissens(ver-)teilung, Wissensbewahrung und Wissensnutzung zusammen. Nur wenn das vorhandene Wissen von den Beschäftigten im täglichen Arbeitsprozess genutzt wird, kommt es der Wertschöpfung des Unternehmens zugute.

Grundsätzlich muss im Kontext von Wissensmanagement immer mitgedacht werden, dass sich Wissen nach Probst et al. (2012, S. 31) auf Daten und Informationen stützt, im

Gegensatz zu diesen aber immer an Personen gebunden ist. Demnach ist eine Datenbank im Intranet noch lange kein Wissensmanagement – auch, wenn das in der Praxis immer noch von einigen Unternehmen behauptet wird.

Willke (2001, S. 83 ff.) beschreibt die Aufgaben des Wissensmanagements anhand eines doppelten Kreislaufs – dem der doppelten Buchhaltung im Unternehmen sehr ähnlich. Der erste Kreislauf (selbstreferentieller Kreislauf) ist folgendermaßen aufgebaut:

1. Das für das Unternehmen relevante Wissen wird generiert.
2. Anschließend wird dieses Wissen aktiviert,
3. generalisiert,
4. und in eine dokumentierbare Form gebracht.
5. Dann wird das generierte Wissen verteilt.
6. Das Wissen wird genutzt.
7. Dann erfolgt die Bewertung und Revision des generierten und genutzten Wissens.

Für die Revision des Wissens wird der zweite, äußere Kreislauf (fremdreferenzieller Kreislauf) wichtig, der aus den relevanten Fragen Wozu? Was? Wie? und Wer? besteht und den inneren Kreislauf umschließt. Für Willke wird ein funktionierendes Wissensmanagement nur im Zusammenspiel dieser beiden Kreisläufe möglich.

Verschiedene Autoren weisen darauf hin, dass Wissensmanagement nur funktionieren kann, wenn alle Beschäftigten uneingeschränkten Zugang zur Informations- und Wissensbasis des Unternehmens haben und die interne Kommunikation reibungslos abläuft. Die Integration von Innovations- und Wissensmanagement birgt dabei große Chancen für den Unternehmenserfolg. Außerdem stellt die Einführung eines Wissensmanagementpools im Unternehmen eine Innovation dar, die mit Hilfe der Instrumente des Innovationsmanagements gestaltet werden kann.

Nach Lies (2010) wird unter Unternehmenskommunikation (corporate communications) der Teil der Unternehmensführung verstanden, der mit Hilfe des Wahrnehmungsmanagements die Reputation (Ruf) des Unternehmens prägt. Zentrale Teilziele der Unternehmenskommunikation sind demnach die individuellen Wahrnehmungsgrößen Vertrauen (erwartbares Verhalten) und Glaubwürdigkeit (Ausmaß der wahrgenommenen Erwartbarkeit) der relevanten Stakeholder (Beschäftigte, Kundinnen und Kunden, Umweltgruppen etc.).

Die Kommunikation eines Unternehmens sollte strategisch ausgerichtet sein, um die für das Unternehmen relevanten Stakeholder mit den für sie wichtigen Informationen zu versorgen. Sie lässt sich dabei in interne und externe Unternehmenskommunikation unterteilen und hat das Ziel, zur Wertschöpfung des Unternehmens beizutragen. Weiterhin umfasst sie nach Mast (2013, S. 13) das Management durch Kommunikation und das Management der Kommunikation.

Kommunikation in Richtung der bestehenden Mitarbeiterinnen und Mitarbeiter wird als interne Kommunikation bezeichnet, externe Kommunikation geht in Richtung aller anderen Bezugsgruppen. Nach Bruhn (2009, S. 22) ist es wichtig, dass alle Kommunikationsinstrumente einheitlich geführt werden, damit das Unternehmen ein konsistentes Bild nach innen und außen kommuniziert und seine Kommunikationsziele wie Unternehmensziele erreichen kann.

Das strategische Kommunikationsmanagement lehnt sich dabei an den klassischen Managementkreislauf mit den Phasen Analyse, Planung, Durchführung und Kontrolle an und unterstützt das Unternehmen dabei, mit einem einheitlichen und konsistenten Bild aufzutreten, widerspruchsfrei und glaubwürdig zu kommunizieren und damit seine gesetzten Kommunikationsziele zu erreichen.

Interne und externe Kommunikationsprozesse spielen im Innovationsmanagement eine bedeutende Rolle, werden aber nach Zerfaß (2009, S. 24) in vielen Teilbereichen des Innovationsmanagements noch nicht integriert diskutiert. Dabei wird in weiten Teilen der Innovationsforschung Kommunikation als Transmission und Innovation nach der tradierten, gegenständlichen Definition verstanden. Alternativ dazu existieren die Konzepte der Kommunikation als Wirklichkeitskonstruktion sowie der Innovation als soziales Konstrukt. In diesem Verständnis wird davon ausgegangen, dass Bedeutung und Wirklichkeit in kommunikativen Interaktionen zwischen Unternehmen und dessen internen wie externen Stakeholdern konstruiert und reproduziert wird. Dieser Prozess wird als Voraussetzung für Neuerungen angesehen – daraus ergibt sich, dass Kommunikation als konstitutives Element des Innovationsprozesses betrachtet wird. Demnach kommen neue Anforderungen und Rollen auf die Kommunikationsverantwortlichen im Zusammenhang mit dem Innovationsprozess in den Unternehmen zu, die sie sowohl vor Chancen als auch vor Herausforderungen stellen. In der Praxis gelten die Verzahnung der Kommunikations- und Innovationsprozesse als erfolgsversprechend.

Innovationen haben auch im Employer Branding, d. h. beim Aufbau einer starken Arbeitgebermarke, eine große Bedeutung. Diese Scharnierfunktion zwischen Personalmanagement und Unternehmenskommunikation nutzt sowohl Sozialinnovationen des unternehmerischen Humanbereichs als auch andere Innovationsarten sowie der Innovationskultur eines Unternehmens, um eine starke Arbeitgebermarke in den Köpfen der Beschäftigten sowie bei potenziellen Talenten mit Hilfe von Kommunikationsinstrumenten zu positionieren.

Unter Nachhaltigkeit wird ein ressourcenökonomisches Prinzip verstanden, das gewährleistet, dass ein System in seiner Funktionalität dauerhaft aufrechterhalten werden kann. Hierbei werden ökonomische, ökologische und soziale Nachhaltigkeiten unterschieden. In der Literatur wird der Begriff Nachhaltigkeit immer noch häufig mit der ökologischen Perspektive verbunden, allerdings spielen die soziale und ökonomische Dimensionen immer mehr eine Rolle. Gerade im Zusammenhang mit der Bildung einer starken Arbeitgebermarke (Employer Branding) wird die soziale Dimension, die z. B. Arbeitsschutz und Arbeitsbedingungen beinhaltet, immer wichtiger.

Unter nachhaltigen Innovationen sind unternehmerische Neuerungen zu verstehen, bei der eine nachhaltige Idee bis zur Marktdurchdringung entwickelt wird. Es werden nach

Fichter et al. (2005, S. 98 ff.) sechs Entstehungswege der nachhaltigen Innovationen unterschieden, wobei nicht in jedem Fall das Unternehmen einer nachhaltig orientierten Führung bedarf. Weiterhin werden eine pfad-optimierende und eine pfad-generierende Strategie unterschieden – die pfad-optimierende richtet sich auf bereits vorhandene Produkte, die optimiert werden sollen, um bessere Chancen am Markt zu haben. Die pfad-generierende Strategie wird meistens von Unternehmensneugründungen angewendet und richtet sich auf neue nachhaltige Leistungen und Technologien, die entwickelt werden. Außerdem werden in der Literatur sechs Strategien zur Entwicklung von nachhaltigen Innovationen in Unternehmen unterschieden.

Die vier in Abschn. 5.2 vorgestellten Beispielunternehmen sowie die genannte Studie im Bereich der Start-ups zeigen verschiedene Bereiche der praktischen Umsetzung von nachhaltigen Innovationen auf. Im ersten Beispiel von Nelke (2016) ist es einem kleinen Hotel in Brandenburg gelungen, durch nachhaltige Produkte und Dienstleistungen sowie soziale Innovationen die Folgen des für die Hotellerie bereits deutlich spürbaren Fachkräftemangels zu minimieren und durch eine nachhaltige Unternehmensführung wirtschaftlichen Erfolg zu erzielen.

Das zweite Praxisbeispiel von Reichensperger (2016) zeigt die Kooperation eines weltweit agierenden Kosmetikkonzerns mit einer gemeinnützigen Gesellschaft, um unverkäufliche, aber makellose Produkte für soziale Organisationen zur Verfügung zu stellen. Diese Innovation zahlt sowohl auf ökologische als auch auf soziale Aspekte ein und unterstützt die beteiligten Unternehmen in ihrer glaubwürdigen Umsetzung ihrer unternehmerischen Verantwortung.

Im dritten Beispiel stellt Wittke (2016) ein Unternehmen vor, das bereits seit 1981 den Gedanken der Nachhaltigkeit stringent in allen Unternehmensbereichen umsetzt. Die Produkte entsprechen allen Anforderungen an nachhaltige Backwaren, aber auch die gesamte Unternehmensführung und der Umgang mit den Beschäftigten sind durchgängig vom Umsetzen nachhaltiger Ansprüche geprägt.

Im vierten Beispiel von Schulz und Zeidler (2016) zeigt sich, wie digitale Transformation Hand in Hand mit nachhaltigem Wirtschaften gehen kann und gute wirtschaftliche Ergebnisse erzielt. Unter Einbeziehung der Beschäftigten hat sich die vorgestellte Kommunikationsagentur mittel- und langfristig zukunftsfähig aufgestellt und daraus auch noch wichtige Aspekte für die Beratung ihrer Kunden gewonnen.

Abgeschlossen werden die Beispiele aus der Praxis von den Ergebnissen einer Studie zum nachhaltigen Wirtschaften und der Kommunikation darüber in deutschen Start-ups von Bittner-Fesseler und Leben (2016), die mit überraschenden Ergebnissen aufwarten konnte. Obwohl die befragten Gründerinnen und Gründer alle die Themen CSR und Nachhaltigkeit als wichtig und für ihre Unternehmen erfolgsversprechend einschätzten, kommunizierten die wenigsten darüber nach außen. Die in diesem Kapitel von den Autorinnen aufgestellten Handlungsempfehlungen für die Kommunikation von nachhaltigen Innovationen und nachhaltigem Handeln lassen sich sicherlich auch auf Unternehmen außerhalb der Start-up-Szene übertragen.

6.2 Abschließende Kontrollfragen

a. Diskutieren Sie die Begriffe Innovation und Innovationsprozess an einem Ihnen bekannten Beispiel eines Konzerns. Recherchieren Sie online Informationen über den Umgang mit Innovationen in dem ausgewählten Unternehmen und erstellen Sie so den Ablauf des Innovationsmanagements in der Praxis.
b. Warum ist Wissensmanagement für Unternehmen im Kontext der heutigen Herausforderungen wichtig? Welche Verbindungen ergeben sich dabei zwischen den Bereichen des Wissensmanagements und des Innovationsmanagements im Unternehmen?
c. Welchen Ablauf hat der Aufbau einer strategischen Unternehmenskommunikation? Warum ist diese für Unternehmen so wichtig? Welche Verbindungen kennen Sie im Unternehmen zwischen den Bereichen Unternehmenskommunikation, Innovationsmanagement und Personalmanagement?
d. Was ist eine nachhaltige Innovation? Warum sollten die Bereiche Nachhaltigkeit und unternehmerische Verantwortung einen Einfluss auf das Innovationsmanagement im Unternehmen haben? Inwieweit ist die Unternehmenskommunikation in diese Prozesse involviert? Welche Rolle spielt das Personalmanagement in diesem Zusammenhang?
e. Übertragen Sie Aspekte aus den in Kap. 5.2 vorgestellten Praxisbeispielen auf ein Unternehmen Ihrer Wahl, das sich mit nachhaltigen Innovationen beschäftigt. Welche Bereiche wurden in den Beispielen nicht thematisiert?

Literatur

Bittner-Fesseler, A., & Leben, B. (2016). Nachhaltiges Wirtschaften in der Kommunikation von Start-ups: CSR als Chance für junge Unternehmen. In G. Gordon & A. Nelke (Hrsg.), *CSR und Nachhaltige Innovation. Zukunftsfähigkeit durch soziale, ökonomische und ökologische Innovationen*. Wiesbaden: Springer Gabler.

Bruhn, M. (2009). *Integrierte Unternehmens- und Markenkommunikation. Strategische Planung und operative Umsetzung* (5. Aufl.). Stuttgart: Schäffer Poeschel.

Fichter, K., Paech, N., & Pfriem, R. (2005). *Nachhaltige Zukunftsmärkte: Orientierungen für unternehmerische Innovationsprozesse im 21. Jahrhundert*. Marburg: Metropolis-Verlag.

Hartschen, M., Scherer, J., & Brügger, C. (2015). *Innovationsmanagement. Die 6 Phasen von der Idee zur Umsetzung*. Offenbach: Gabal.

Hauschildt, J., & Salomo, S. (2011). *Innovationsmanagement* (5. Aufl.). München: Vahlen.

Lies, J. (2010). Unternehmenskommunikation. In Springer Gabler Verlag (Hrgs.), *Gabler Wirtschaftslexikon*. Stichwort: Unternehmenskommunikation. http://wirtschaftslexikon.gabler.de/Definition/unternehmenskommunikation.html. Zugegriffen am 10.05.2016.

Mast, C. (2013). *Unternehmenskommunikation* (5. Aufl.). Konstanz/München: UVK Verlagsgesellschaft.

Müller-Pröthmann, T., & Dörr, N. (2014). *Innovationsmanagement* (3. Aufl.). München: Carl Hanser.

Nelke, A. (2016). Interne und externe Unternehmenskommunikation für nachhaltige Innovation und gesellschaftliche Verantwortung von Unternehmen am Beispiel von Employer Branding. In G. Gordon & A. Nelke (Hrsg.), *CSR und Nachhaltige Innovation. Zukunftsfähigkeit durch soziale, ökonomische und ökologische Innovationen*. Wiesbaden: Springer Gabler.

Probst, G., Raub, S., & Romhardt, K. (2012). *Wissen managen. Wie Unternehmen ihre wertvollste Ressource optimal nutzen* (7. Aufl.). Wiesbaden: Gabler.

Reichensperger, S. (2016). Beiersdorf: Online-Plattform ermöglicht sinnvolle Nutzung überschüssiger Produkte. In G. Gordon & A. Nelke (Hrsg.), *CSR und Nachhaltige Innovation. Zukunftsfähigkeit durch soziale, ökonomische und ökologische Innovationen*. Wiesbaden: Springer Gabler.

Schulz, C., & Zeidler, S. (2016). Agiles Arbeiten als Basis von Innovation. In G. Gordon & A. Nelke (Hrsg.), *CSR und Nachhaltige Innovation. Zukunftsfähigkeit durch soziale, ökonomische und ökologische Innovationen*. Wiesbaden: Springer Gabler.

Thiel, M. (2002). *Wissenstransfer in komplexen Organisationen. Effizienz durch Wiederverwertung von Wissen und Best Practise*. Wiesbaden: Deutscher Universitätsverlag.

Vahs, D., & Brem, A. (2015). *Innovationsmanagement. Von der Idee zur erfolgreichen Vermarktung* (5. Aufl.). Stuttgart: Schäffer Poeschel.

Willke, H. (2001). *Systemisches Wissensmanagement*. Stuttgart: Lucius & Lucius.

Wittke, N. (2016). Vom Anbau bis zur Stulle – MÄRKISCHES LANDBROT. In G. Gordon & A. Nelke (Hrsg.), *CSR und Nachhaltige Innovation. Zukunftsfähigkeit durch soziale, ökonomische und ökologische Innovationen*. Wiesbaden: Springer Gabler.

Zerfaß, A. (2009). Kommunikation als konstitutives Element im Innovationsmanagement. Soziologische und kommunikationswissenschaftliche Grundlagen der Open Innovation. In A. Zerfaß & K. M. Möslein (Hrsg.), *Kommunikation als Erfolgsfaktor im Innovationsmanagement. Strategien im Zeitalter der Open Innovation*. Wiesbaden: Gabler.

Springer Gabler springer-gabler.de

Das Gabler Wirtschaftslexikon – aktuell, kompetent, zuverlässig

Springer Fachmedien
Wiesbaden, E. Winter (Hrsg.)
Gabler Wirtschaftslexikon
18., aktualisierte Aufl. 2014. Schuber, bestehend aus 6 Einzelbänden, ca. 3700 S. 300 Abb. In 6 Bänden, nicht einzeln erhältlich. Br.
€ (D) 79,99 | € (A) 82,23 | sFr 100,00
ISBN 978-3-8349-3464-2

- Das Gabler Wirtschaftslexikon vermittelt Ihnen die Fülle verlässlichen Wirtschaftswissens
- Jetzt in der aktualisierten und erweiterten 18. Auflage

Das Gabler Wirtschaftslexikon lässt in den Themenbereichen Betriebswirtschaft, Volkswirtschaft, aber auch Wirtschaftsrecht, Recht und Steuern keine Fragen offen. Denn zum Verständnis der Wirtschaft gehört auch die Kenntnis der vom Staat gesetzten rechtlichen Strukturen und Rahmenbedingungen. Was das Gabler Wirtschaftslexikon seit jeher bietet, ist eine einzigartige Kombination von Begriffen der Wirtschaft und des Rechts. Kürze und Prägnanz gepaart mit der Konzentration auf das Wesentliche zeichnen die Stichworterklärungen dieses Lexikons aus.

Als immer griffbereite „Datenbank" wirtschaftlichen Wissens ist das Gabler Wirtschaftslexikon ein praktisches Nachschlagewerk für Beruf und Studium - jetzt in der 18., aktualisierten und erweiterten Auflage. Aktuell, kompetent und zuverlässig informieren über 180 Fachautoren auf 200 Sachgebieten in über 25.000 Stichwörtern. Darüber hinaus vertiefen mehr als 120 Schwerpunktbeiträge grundlegende Themen.

€ (D) sind gebundene Ladenpreise in Deutschland und enthalten 7% MwSt; € (A) sind gebundene Ladenpreise in Österreich und enthalten 10% MwSt. sFr sind unverbindliche Preisempfehlungen. Preisänderungen und Irrtümer vorbehalten.

Jetzt bestellen: springer-gabler.de

The manufacturer's authorised representative in the EU is Springer Nature Customer Service Centre GmbH, Europaplatz 3, 69115 Heidelberg, Germany. If you have any concerns regarding our products, please contact ProductSafety@springernature.com

Printed and bound by CPI Group (UK) Ltd, Croydon, CR0 4YY

25/03/2026

02078190-0018